인 도

INDIA

인 도

I N D I A

베키 스티븐 지음 | **김보미** 옮김

세계의 **풍습과 문화**가
궁금한 이들을 위한
필수 안내서

시그마북스
Sigma Books

세계 문화 여행 _ 인도

발행일 2024년 11월 15일 초판 1쇄 발행
지은이 베키 스티븐
옮긴이 김보미
발행인 강학경
발행처 시그마북스
마케팅 정제용
에디터 양수진, 최연정, 최윤정
디자인 강경희, 정민애

등록번호 제10-965호
주소 서울특별시 영등포구 양평로 22길 21 선유도코오롱디지털타워 A402호
전자우편 sigmabooks@spress.co.kr
홈페이지 http://www.sigmabooks.co.kr
전화 (02) 2062-5288~9
팩시밀리 (02) 323-4197
ISBN 979-11-6862-298-2 (04900)
　　　　 978-89-8445-911-3 (세트)

CULTURE SMART! INDIA

인도 전도

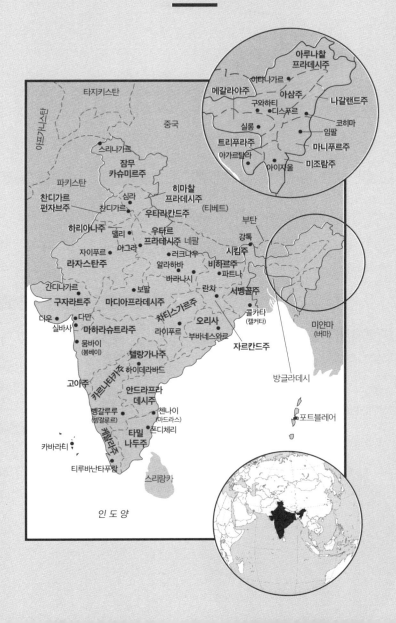

아루나찰
프라데시주

이타나가르

메갈라야주   아삼주   나갈랜드주

구와하티 • 디스푸르

코히마

실롱   임팔

트리푸라주   마니푸르주

아가르탈라

미조람주

아이자울

타지키스탄

아프가니스탄

중국

파키스탄

스리나가르

잠무
카슈미르주

히마찰
프라데시주   (티베트)

찬디가르
펀자브주   심라   부탄

하리아나주   찬디가르   우타라칸드주   강톡

우타르   델리   프라데시주   네팔   시킴주

자이푸르   아그라   러크나우   비하르주

라자스탄주   알라하바   파트나

바라나시   란치   서벵골주

간디나가르   보팔   골카타
(캘커타)

구자라트주   마디아프라데시주   차티스가르주   오리사   미얀마
(버마)

디우   라이푸르   부바네스와르   자르칸드주

다만

실바사   마하라슈트라주

몸베이
(봄베이)   텔랑가나주   방글라데시

고아주   카르나타카주   하이데라바드

벵갈루루
(방갈로르)   안드라프라
데시주   포트블레어

카바라티   첸나이
(마드라스)

타밀
나두주   폰디체리

케랄라주

티루바난타푸람   스리랑카

인 도 양

차   례

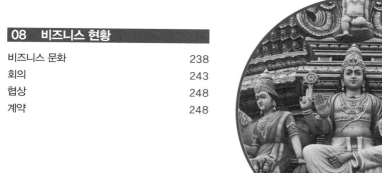

인도. 이 이름은 우리 마음속에 즉각적으로 어떤 연상과 이미지를 떠올리게 한다. 인도는 현대 서양 생활의 거의 모든 측면에 자신의 색을 입혀 왔다. 우리가 먹는 음식, 집을 꾸미는 방식, 입는 옷, 운동하는 방법, 보는 영화, 사용하는 기술과 우리가 접할 수 있는 종교적 선택지까지. 모두 인도의 다양한 문화와 사람들의 영향을 받았다. 심지어 인도어는 우리 어휘에도 들어왔다. 전문가라는 뜻의 펀딧pundit, 승마바지라는 뜻의 조드퍼즈jodhpurs, 잠옷을 뜻하는 파자마pajamas는 영국령 인도 제국 시절에 받아들여진 힌디어 단어들이며, 쌍동선이란 뜻의 카타마란catamaran, 천민을 뜻하는 파리아pariah, 카레를 가리키는 커리curry는 타밀어에서 온 단어들이다.

멀리서 보면 인도에 대한 인식은 압도적인 인구 통계와 빈곤의 단편적인 모습, 세계 시장에서의 기술 경쟁, 이국적인 예술 형태와 고대 역사에 기반을 두고 있을 수 있다. 이는 모두 사실이다. 하지만 그 중심에는 인도 사람들이 있다. 어머니 인도^{Mother India}의 거의 14억 명에 달하는 '자녀들'은 옛 델리의 향신료 시장만큼이나 다양하고 화려하다. 각 지역, 카스트와 공동체는 정복, 창의성, 종교에 의해 형성된 고유의 역사를 반영하는 자신만의 문화를 지녔다. 이는 각각의 독특한 언어, 사회적 관습, 예술 형태, 그리고 삶에 대한 기대를 통해 표현된다.

5,000년에 달하는 역사적 전통 앞에서 이제 인도는 변화하고 있다. 그러나 그 엄청난 변화에도 여러 면에서 인도는 여전히 그대로다. 바로 총체적인 감각의 경험에서 말이다. 혼돈과 아름다움이 공존하는 색채와 소리, 10마일마다 바뀌는 언어, 집마다 다른 향신료와 매운맛, 일상생활의 아주 많은 부분을 보내는 공공장소에서 풍기는 끊임없는 냄새, 개인 공간에 대한 무시는 경험이 아주 풍부한 여행자에게조차 도전이 될 것이다. 하지만 감각에 몸을 맡기는 순간, 비로소 인도의 본질을 받아들이기 시작할 것이다.

인도를 가까이에서 경험하게 되면 삶의 역설과 함께 살아가는, 무한해 보이는 인도인들의 어떤 능력을 이해하기 시작할 것이다. 인도의 자랑스러운 전통과 조국에 대한 인도인들의 사랑은 오랜 정복과 경쟁에서 비롯된 긴장과 편견이 뒤섞여 있다. 복잡한 조각으로 장식된 고대 사원에는 최신 기술을 광고

하는 표지판이 붙어 있을 수 있다. 지난 세기 빠른 도시화의 일환으로 급증한 빈민가의 냄새를 맡고, 몇십 년 전만 해도 존재하지 않았던 부유한 중산층을 만나게 될 것이다. 당신을 태운 오토 릭샤가 교통 체증을 뚫고 쏜살같이 달릴 때면, 공해의 금속성 맛을 느끼는 동시에 거리 상인들의 끓는 솥에서 뿜어져 나오는 맛있는 향을 맡게 될 것이다.

전통에 깊이 뿌리내리고, 매우 운명론적이며, 자신들의 문화에 대한 강렬한 열정을 가진 인도인들은 지구상에서 가장 독창적이고 모험적이며 창의적인 사람 중 하나다. 대부분 따뜻하고 친절한 인도인들은 그들과 그들의 나라에 대해 관심을 보이는 당신에게 관대함과 진심 어린 우정으로 응답할 것이다. 그러나 그들은 가족과 공동체에 대한 지울 수 없는 유대감을 지녔으며, 이는 경계선을 형성하고 외부에서는 항상 합리적으로 보이지 않는 결정을 하게 만들고는 한다.

인도에 대한 방문객들의 반응은 그곳에서 그들이 만나는 사람들과 장소만큼이나 극단적일 수 있다. 이 책은 기본적인 가치와 행동 규범을 인식하고, 문화적 차이를 탐색하며 실제 사람들과 연결되는 방법을 알려 주고, 끝없이 매혹적인 인도라는 장소에 대한 통찰력을 가질 수 있도록 안내할 것이다.

기본 정보

공식 명칭	인도 공화국	힌디어로는 바라티야 가나라지야 (바라트)
수도	뉴델리	올드 델리(샤자한나바드)는 뉴델리 중심부에 자리 잡은 무굴 제국의 수도였다.
주요 도시	뭄바이 1,840만 명, 콜카타 1,400만 명, 델리 1,630만 명, 첸나이 870만 명, 벵갈루루 850만 명	인도에는 인구 100만 명 이상의 도시가 39개가 있다.
면적	3,287,263km²(남한의 약 33배)	세계에서 7번째로 큰 나라
기후	남부의 열대 몬순 기후에서부터 북부의 온대 기후까지 다양하다.	방문하기 가장 좋은 시기는 10월부터 3월까지이며, 히말라야를 방문한다면 9월부터 11월까지가 좋다.
국경 국가	방글라데시, 부탄, 중국, 미얀마, 네팔, 파키스탄. 7,000km의 해안선이 있다.	파키스탄과 장기적인 국경 분쟁을 겪고 있다.
정부	자유 민주주의 연방 공화국. 의회는 양원제로 상원은 주 의회(라자 사바)이며, 하원은 인민 하원(록 사바)	5년 임기로 선출되는 국가 원수는 대통령이며, 정부 수반은 총리다. 29개의 주와 7개의 연방 직할지가 있다.
인구	14억 5,000만 명(2024년 기준). 세계에서 인구가 가장 많다.	추가로 해외 거주 인도인인 디아스포라 1,600만 명이 있다.
연령 구조	15세 미만 인구: 26.9%, 15~24세 인구: 17.79%, 25~54세 인구: 41%, 65세 이하 인구: 96.39%	
기대 수명	남성 67.8세, 여성 70.5세	
민족 구성	인도 아리아인 72%, 드라비다인 25%, 몽골로이드 및 기타 3%	

종교	힌두교 79.8%, 이슬람교 14.2%, 기독교 2.3%, 시크교 1.7%, 불교 0.7%, 자이나교 0.4%, 기타 0.9%	
언어	공식 언어는 힌디어이며, 주로 북부 지역에서 사용된다. 공식적으로 인정된 언어는 22개이며, 그 외에도 1,950개의 다른 언어가 사용된다.	영어는 헌법에 따라 제2 공용어로 인정된다.
문해율	전체 74.04%, 남성 81%, 여성 65%	젊은 층(15~24세) 문해율 : 남성 88.4%, 여성 74.4%
국내 총생산 (GDP)	3.2조 달러(2023년 기준)	1인당 국민 총소득(GNI)은 2,207달러이다(2023년 기준).
1인당 소득	1,964달러	22%가 빈곤선 이하에서 생활하고 있다.
통화	인도 루피(Rs.)	100루피=약 1,608원(2024년 기준)
전기	230볼트, 50Hz	둥근 핀 플러그가 필요하다. 정전과 부하 차단이 빈번하다.
비디오	PAL 방식	
인터넷 도메인	.in	
전화	국가 번호는 91번이다.	인도에서 국제 전화를 걸려면 00을 누르고, 그 뒤에 국가 코드를 입력해야 한다.
시간	우리나라보다 3시간 30분 느리다.	서머타임제는 없다.

01

영토와 국민

거대한 인도반도는 북쪽으로는 히말라야산맥, 서쪽으로는 아라비아해, 동쪽으로는 벵골만에 접해 있으며, 이웃 나라인 파키스탄과 방글라데시와 함께 아시아 본토와는 별개의 지각판 위에 자리 잡고 있다. 또한 중국, 네팔, 부탄, 미얀마(옛 이름은 버마)와도 국경을 맞대고 있다.

경계와 '반단*'

거대한 인도반도는 북쪽으로는 히말라야산맥, 서쪽으로는 아라비아해, 동쪽으로는 벵골만에 접해 있으며, 이웃 나라인 파키스탄과 방글라데시와 함께 아시아 본토와는 별개의 지각판 위에 자리 잡고 있다. 또한 중국, 네팔, 부탄, 미얀마(옛 이름은 버마)와도 국경을 맞대고 있다.

역사적으로 외부인들은 이 광대한 나라를 분리된 장소로 인식해 왔다. 기원전 5세기, 그리스 역사가 헤로도토스는 페르시아 여행자들에게서 인더스강 또는 신두강 너머 땅에 대해 듣고 처음으로 이 지역을 '인도'라고 불렀다. 페르시아인들은 이 땅을 '힌두스탄', 즉 '신두강 사람들의 땅'이라고 불렀다. 무굴 제국을 세운 정복자들은 이곳의 토착민들을 '힌더스'라고 칭했다. '힌두스탄'이라는 명칭은 영국령 인도 제국 시대 때 대중화되었으며, 오늘날 힌두교 근본주의의 부상과 함께 다시 살아나고 있다. 인도 국경 내에서도 언어, 민족, 정치, 종교 및 지형적 차이가 엄청나다. 북동부에 위치한 나갈랜드주는 마호가니와 등나무 숲, 그리고 기독교 역사를 자랑한다. 인도 해안

* 인도어로 '연결' 또는 '유대'라는 뜻 - 옮긴이

선 근처에는 주로 무슬림들이 거주하는 락샤드위프제도의 인구 밀도가 낮은 산호섬들과 독특한 민족들이 사는 니코바르제도의 화산섬들이 있다. 그 사이에는 풍부하고 다양한 전통을 가진 수천 개의 민족과 언어 집단이 거주하고 있는 기후와 지리적 극단이 존재한다.

이러한 엄청난 다양성에도 불구하고 인도인들은 자신들을 하나의 민족, 즉 '바라트'로 인식한다. 리그 베다와 바가바드 기타와 같은 고대 문헌뿐만 아니라 고대 타밀어에서도 찾아볼 수 있는 '바라탐'이라는 이름은 인도반도의 사람들을 가리키는 말이다. 그들만의 역사와 복잡하지만 공통적인 사회 구조, 공유된 문화적 가치로 결속되어 있는 인도반도의 사람들은 별개의 강력한 정체성을 발전시켰다. 독립 당시, '바라트'는 새로운 국가의 공식 명칭으로 채택되었다.

지리와 기후

인도는 세계에서 7번째로 큰 면적을 가졌다. 이는 숨 막히는 히말라야산맥부터 뜨거운 사막, 울창한 열대 우림, 광활한 평

• 하나의 인도 •

'락샤 반단'은 남매 관계를 기념하는 힌두교의 축제다. 힌두력의 슈라반 달에 보름달이 뜨는 날로 보통 8월에 해당하는 날에, 소녀들은 형제나 형제처럼 여기는 소년들의 손목에 비단실이나 라키(보호의 끈)라는 매듭을 묶어 준다. 벵골에서는 독립을 앞둔 시기에 라키가 분열과 종교 간 폭력에 대한 반대를 나타내는 표시로 사용되기도 했다. 영국 정부를 향해 벵골이 '하나이며 분할될 수 없다'고 선포한 인도인들은 혈연과 종교적 소속을 넘어 서로의 삶을 함께하겠다고 맹세했다.

야에 이르기까지 다양한 지리를 망라한다. 약 7,000km에 달하는 해안선은 아름다운 해변과 암석 절벽 그리고 습지를 선사한다. 갠지스강은 건조한 북부 평야를 가로질러 중앙 및 남아시아의 주요 강인 야무나강과 합류하여 벵골만으로 흘러들어간다. 대부분 히말라야에서 발원한 강과 지류는 마치 혈관처럼 이 아대륙(대륙보다는 작지만 섬보다는 큰 것을 가리킨다-옮긴이)을 관통한다. 이 물은 인도에 생명을 주는 동시에 죽음도 가져다준다. 야무나강은 엄청난 양의 비옥한 토양을 퇴적시키는 귀중한 수로이지만, 잦은 홍수의 원천이 되기도 한다.

　인도는 섬, 해안 평야, 반도 고원, 북부 평야, 북부 산맥이라는 다섯 개의 지리적 지역으로 나눌 수 있다. 여기에는 여름, 몬순, 겨울이라는 세 가지 계절이 있으며, 지리에 따라 기후가 변화한다. 이 광대한 아대륙 내에는 열대, 아열대, 건조, 고산 기후대가 모두 존재한다.

　남서부에 위치한 케랄라는 '여름 몬순의 관문'으로 알려져 있다. 하지만 케랄라의 연평균 강우량 282cm는 세계 최다 강우량 지역 두 곳을 보유한 북동부의 메갈라야주와 비교할 수 없다. 메갈라야주는 연간 강우량이 1,178~1,187cm에 달한다.

　건조한 북서부 평야는 기온이 보통 40℃에서 46℃ 사이이지만, 최고 60℃까지 상승하기도 한다. 건조한 서부 지역은 여름철 뜨거운 기온과 적은 강우량에도 불구하고 다양한 식물종과 풍부한 동물 서식지를 유지하고 있다.

　대부분 라자스탄주에 걸쳐 있으며 일부 구자라트주 지역을 포함하는 타르 사막(혹은 인도 대사막)과 북쪽의 히말라야산맥은 인도 기후에 영향을 미친다. 히말라야산맥은 중앙아시아에서 오는 차가운 바람을 막아 주어, 인도가 원래 경험했을 기온보다 훨씬 따뜻한 기온을 유지시켜 준다. 북부 지역은 극단적인 기후를 가진 곳이다. 겨울에는 뼛속까지 시린 혹한의 추위가 여름에는 맹렬한 루 바람으로 바뀌면서 노동자와 여행객을 힘들게 만든다. 6월에서 7월과 8월로 넘어가면서, 열기와 습도는 견딜 수 없는 수준으로 높아진다. 그러다가 엄청난 뇌우와 폭우로 범람하는 강물과 함께 마침내 몬순이 시작되면 비로소 한숨 돌리게 된다.

9월에서 11월 사이에 몬순은 겨울이 다가옴에 따라 동쪽

히마찰프라데시주의 스피티 밸리에 있는 불교 수도원인 키 수도원.

에 비를 뿌리면서 서쪽에서는 약해진다.

12월에서 2월까지 인도의 겨울은 비교적 건조하고 서늘하다. 평균 기온은 10~15℃다. 남부 지역은 인도양, 벵골만, 아라비아해의 주변 해수로 인해 온난하다. 인도의 일부 지역에서는 눈이 내리기도 한다. 북부의 히마찰프라데시, 우타라칸드, 심라는 스키 리조트로 유명하다.

국민

약 14억의 인구를 보유한 인도는 2024년 기준 세계에서 가장 인구가 많은 나라다. 지난 40년 동안 인도의 인구는 두 배로 증가했다. 현재는 세계 인구의 14.5%를 차지하고 있으며, 매초 한 명씩 태어나는 인구 증가율로 인해 최근 중국을 추월한 것으로 집계된다.

지난 1세기 동안 도시 인구가 11배 증가했음에도 불구하고, 인도인의 70%는 여전히 시골 마을에 살고 있다. 홍수와 가뭄으로 인한 토지와 농작물 손실과 더 나은 교육과 일자리 기회를 찾으려는 욕구가 더해져 도시로의 이주가 계속해서 증가하는 추세다. 하지만 농촌 이주민들 대부분은 거대한 빈민가 인구에 합류하여 절대 빈곤 속에서 살아가게 된다. 2017년 인도는 유엔인간개발지수에서 130위를 차지했다. 2050년까지 약 5억 명이 더 도시로 이주할 것으로 추산된다. 델리와 뭄바이라는 두 개의 주요 도시는 각각 2,000만 명에 육박하는 인구를 자랑하기 때문에, 인도에서는 100만 인구 규모의 도시는 마을로 간주한다.

【 언어와 문맹률 】

인도는 1,950개 이상의 언어가 사용되는 언어학자들의 천국이며, 여기에는 산스크리트어와 타밀어라는 두 개의 고전 언어도 포함되어 있다. 22개 이상의 공용어가 있으며, 힌디어와 영어가 정부 업무 및 비즈니스의 공용어로 사용된다.

인도인들은 교육을 매우 중요하게 여긴다. 2011년 교육 현황 연례보고서에 따르면, 농촌 아동의 97%가 학교에 등록되어 있다. 하지만 결석률이 높고 전국적으로 중퇴율이 증가하는 상황이다. 인도의 문맹률은 영국 통치가 끝날 당시 12%에서 현재 74% 이상으로 계속 상승해 왔다. 여기서 의무적으로 16세까지 정부 지원 교육을 시행하는 남인도와 그렇지 않은 북인도 사이에 큰 차이가 발생한다. 케랄라의 일부 지역은 문맹률이 100%이지만, 비하르는 64%에 불과하다. 반면, 도시(86%)와 농촌(71%) 간의 예측된 차이와 남성(81%)과 여성(65%) 간의 차이는 점차 줄어들고 있다.

【 종교 】

인구의 약 80%가 힌두교도로 등록되어 있다. 인도인의 14.2%만이 무슬림이지만, 인도는 세계에서 세 번째로 많은 무슬림 인구를 보유했으며(다수의 비무슬림 국가 중 가장 큰 인구), 2050년에는 첫 번째가 될 것으로 예상된다. 나머지는 주로 남부와 북동부에 거주하는 기독교인(2.3%), 시크교도(1.7%), 불교도(0.7%), 자이나교도(0.4%)로 구성된다. 이 밖에 유대교도, 조로아스터교도, 바하이교도 및 기타 종교인들이 0.9%를 차지한다.

지난 세기에 도입된 세속주의는 깊은 영성을 지닌 이 나라에서 종교를 없애거나 대체하기 위한 것이 아니라, 영국으로부터 독립을 쟁취하고 문화적으로 다양한 왕국과 민족들과의 정치적 통합을 촉진하는 것이 목표였다. 그러나 이번 세기에는 종교 관련 긴장감 증가로 인해 통일된 인도라는 비전이 무너지고 있다.

역사

【 고대 인더스(기원전 3300~1500년) 】

인도의 고대 문명은 인도 아대륙의 북서쪽 지역에 위치한 인더스강 유역에서 탄생했으며, 청동기 시대에 번영했다. 이 계곡에 살았던 하라파인들은 하수도, 우물, 쓰레기 배출구가 있는 다층 벽돌집에서 거주했으며, 도시 계획이 잘 되어 있었다. 그들은 청동, 납, 주석, 구리를 생산하는 야금술을 개발했다. 곡물은 교환과 과세 화폐로 사용되었다.

【 베다 시대(기원전 1500~500년) 】

인도 역사에서 아리안족이 이 계곡에 처음으로 등장했다. 스스로 '고귀한 자들'이라 칭했던 이들이 유라시아에서 이주했는지, 아니면 인더스 계곡의 토착 문화로 발생했는지는 아직 논쟁 중이다. 그 기원이 무엇이든, 이들은 북인도와 갠지스 평원에 걸쳐 마을을 형성하며 정착했고, 베다 문명을 구축했다. 본질적으로 부족 사회였던 이 반유목민들은 농경 생활을 하며, 불과 의식을 통해 숭배되는 다양한 신과 여신에 대한 신앙을 도입했다.

아리안족은 북부 지역에 절대 군주제와 귀족 계급 제도를 수립했다. 베다 시대에 기원을 둔 이 시스템은 힌두교의 카스트 제도로 발전했으며, 왕들이 특정 임무를 개인에게 부여하고 그 개인들이 다시 책임을 후손에게 물려주면서 시작되었다. 곧 출생이 교육과 직업을 결정하게 되었다. 아리안 왕들이 더 많은 영토를 점령함에 따라, 아리안족의 등장 이전에 존재했던 원주민인 드라비다족은 남쪽으로 밀려났다.

이 시대 동안 많은 종교 문헌이 생성되고 전승되었다. 이 시대의 이름이 유래된 베다(산스크리트어로 '지식')는 힌두교와 인도 문화의 다른 주요 특징들의 기초를 마련했다.

네 개의 베다는 기원전 1500년부터 구전 전통을 통해 형성되었고, 기원전 600년에 성문화되었다. 철학적인 우파니샤드, 바가바드기타와 역사상 가장 긴 서사시인 마하바라타도 모두 이 시대의 산물이다. 산스크리트어로 기록된 마누 법전은 힌두교도들에게 삶의 규칙을 제시하고, 오늘날 인도의 사회 구조를 특징짓는 네 가지 주요 계급으로 카스트를 고착시켰다.

기원전 5세기에 사카야 부족의 왕자인 싯다르타 고타마는 '깨달음'을 얻어 붓다 혹은 깨달은 자로 알려지게 되었고 불교를 창시했다. 같은 시기에 바르다마나 마하비라는 후에 자이나교가 될 가르침을 전파했다.

인도-갠지스 평원에 십육대국, 즉 마하자나파다가 등장하면서 인도는 두 번째 주요 도시화 시기를 경험하게 된다.

【 페르시아 제국(기원전 500~350년) 】

페르시아의 키루스 대왕은 기원전 538년에 인도의 북서부 지역을 정복했다. 그로부터 18년 후, 그의 사위 다리우스 대왕(기원전 520년)은 인도 아대륙에 대한 페르시아의 지배를 공고히 하여, 다음 200년 동안 지속되게 했다. 페르시아의 정치 체계는 이후 인도에서 채택된 정부 형태에 영향을 미쳤다.

【 알렉산더 대왕(기원전 327~323년) 】

마케도니아의 왕인 정복자 알렉산더 대왕은 기원전 327년에 인도로 건너와 서부 펀자브의 탁실라 왕인 암비 왕의 환영을 받았다. 동쪽과 북쪽 이웃들과 전쟁 중이던 암비는 적들에 맞서 알렉산더의 도움을 받기를 원했다. 알렉산더는 그의 요청에 응해 도움을 주었다. 알렉산더는 아시아에 도달하는 목적을 행하는 동안 모든 부족과 연맹 그리고 왕들을 물리쳤다.

하지만 베아스강(갠지스강의 지류)에 도달했을 때, 지치고 불만에 가득 찬 알렉산더의 군대는 그에게 귀환할 것을 압박해 왔다. 인도에 진출한 지 19개월 만에 돌아선 알렉산더는 인도 지방을 통치할 대리자들을 남겨 두었다.

기원전 323년에 알렉산더 대왕이 사망하고 2년 후, 이 총독들은 자신들의 직위를 버리고 알렉산더의 제국을 분할해 버렸다. 그러나 기원전 305년, 셀레우코스 1세 니카토르(정복자라는 뜻)가 잃어버린 인도 영토를 되찾으려 했을 때, 마가다 왕족에서 추방된 신분이자 그 서자였을 가능성이 있는 찬드라굽타 마우리아에게 가로막혔다. 셀레우코스는 찬드라굽타가 너무 강력하여 정복할 수 없음을 깨닫고 그와 동맹을 맺었다.

【 위대한 마우리아 제국(기원전 322~185년) 】

인도 역사상 가장 위대한 제국으로 일컬어지는 마우리아 제국은 기원전 4세기와 3세기 동안 인도 아대륙을 지배했다. 창시자인 찬드라굽타 마우리아는 제국을 통일했고, 그의 아들 빈두사라는 제국을 확장했으며, 그의 손자 아소카는 제국을 위대하게 번영시켰다.

알렉산더 대왕의 죽음과 함께 그의 제국이 분열되었다는 소식을 접한 찬드라굽타는 게릴라 부대를 이끌고 동인도 마가다 왕국의 다마난다 왕을 몰아내며 왕족을 학살했다. 그는 북서부 국경과 아프가니스탄 대부분을 정복하고 벵골만에서 아라비아해와 페르시아까지 이르는 제국을 세웠다. 찬드라굽타 마우리아는 24년 동안 통치했다. 그의 통치는 자비롭지 않았다. 암살에 대한 두려움이 너무나 컸던 이 새로운 황제는 적들에게 혼란을 주기 위해 매일 밤 다른 방에서 잠을 잤다. 생애 말년에는 왕위를 포기하고 자이나교를 받아들였다. 그의 뒤를 이어 아들이 왕위에 올랐으며, 그다음에는 손자 아소카가 뒤를 이었다.

【 아소카 대왕(기원전 273~232년) 】

기원전 304년에 태어난 아소카 대왕은 인도 아대륙의 거의 모든 지역을 통치한 황제였다. 벵골만에 위치한 정복되지 않은 칼링가 왕국까지 통치를 확장하려는 그의 결정은 그 자신과 그의 제국에 큰 변화를 불러왔다.

　전쟁의 참혹함은 아소카를 뒤흔들었다. 그는 결국 붓다의 가르침에 의

불교 성지인 사르나트에 있는 아소카의 기둥 꼭대기에는 네 마리의 아시아 사자가 등을 맞대고 서 있는 모습이 조각되어 있다.

지하여, 무기를 내려놓고 불교 승려의 옷을 입었다.

이 '황제 중의 황제'는 동물을 제물로 하는 것을 금지하고, 백성에게 종교 교육을 시행했으며, 불교 승려들을 그리스와 근동 지역으로 파견하는 등의 개혁을 단행했다. 인도 역사에 미친 그의 영향력은, 인도의 국가 상징인 사르나트의 사자와 인도 국기 위의 아소카 차크라로 알려진 수레바퀴 등이 모두 그

마디아프라데시주에 위치한 불교 유적지 내의 산치 대탑(유네스코 세계 문화유산) 중 아소카 대왕과 그의 두 왕비가 나란히 서 있는 모습을 묘사한 부조 조각.

의 통치 기간에서 유래되었을 정도로 크다.

　인도는 마우리아 제국과 굽타 제국이라는 두 위대한 제국 사이의 기간에는 지역적으로 통치되었다. 이 중간 시기인 서기 52년경, 사도 토마스가 인도를 방문하여 인도 기독교의 씨앗을 심었다고 전해진다.

【 굽타 왕조의 황금기(서기 320~550년) 】

찬드라굽타 1세가 굽타 왕조를 세웠지만, 인도의 황금기는 그로부터 50년 후 찬드라굽타 2세가 권력을 잡으면서 시작되었다. 그는 군사력을 바탕으로 안정적인 사회를 이룩했고, 이는 과학, 예술, 문학, 종교가 절정에 이를 수 있는 토대가 되었다.

　당대의 학자 중에는 '0'의 개념을 처음으로 제시한 것으로 알려진 천문학자 아리아바타가 있다. 개념과 지식의 교류, 특히 종교적인 부분에서 중국과의 교류가 일종의 선교사 교류를 통해 적극적으로 추구되었다. 굽타 제국은 또한 정치적으로도 개방적이어서 남아시아, 인도네시아, 페르시아, 그리스, 로마와 외교 관계를 발전시켰다. 종교, 외교, 무역 관계가 확장됨에 따라 굽타 문화도 퍼져 나갔다.

　모든 위대한 제국의 운명처럼, 굽타 제국도 약화했다. 서기

450년, 중앙아시아의 훈족이 침략하자 굽타 제국은 이를 막아낼 수 없었다. 굽타 왕조의 마지막 왕인 바누굽타가 570년에 사망한 후, 제국은 붕괴되었다. 인도는 다시 한번 작은 왕국들로 분열되어 통치되었고, 1000년에 무슬림 침략이 있을 때까지 분열된 상태로 남았다.

【 북부와 남부 왕국의 고전 시대(647~1200년) 】

북부와 남부는 서로 다른 제국들이 지배했으며, 이들은 자주 전쟁을 벌였다. 북부에서는 라지푸트라고 알려진 세 왕조가 통치권을 두고 싸웠지만, 고전 시대 동안에도 힌두교, 불교, 자이나교와 같은 종교와 예술은 여전히 번성했다.

남부에서는 또 다른 문화가 비옥한 토양에서 성장하며, 독특한 예술과 문학 그리고 건축을 발전시켰다. 오래전 아리안족에 의해 남쪽으로 밀려났던 드라비다족은 이제 남부 지역에서 왕국을 세우고 해외로 확장하여 동남아시아에 거대한 제국을 건설했다. 드라비다족은 로마 제국과 동남아시아와 향신료 무역을 했다. 이러한 왕들의 통치 아래 종교와 철학뿐 아니라 과학과 수학도 발전했다.

【 델리 술탄 왕조와 식민지화의 시작(1200~1500년) 】

수 세기 동안 북쪽과 서쪽의 무슬림들이 인도로 향했다. 어떤 이들은 부를 위해, 다른 어떤 이들은 이슬람을 전파하기 위해 왔지만, 역사에서 가장 주목할 만한 것은 통치를 위해 온 자들이었다. 인도에 익숙한 패턴대로 무슬림 상인들이 무슬림 침략자들보다 먼저 도착했다.

1192년, 오늘날 아프가니스탄이 된 고르 왕국 출신의 무슬림 장군 무하마드가 라지푸트 힌두왕 프리트비 라즈 초한을 밀어내고 델리를 점령했다. 고르는 첫 번째 왕조를 세웠고, 그 후 이 일련의 왕조는 델리 술탄 왕조로 알려지게 되었다.

델리 술탄 왕조가 통치하는 동안 많은 북인도의 힌두교도와 불교도가 이슬람으로 개종했다. 술탄들은 결국 남인도의 상당 부분도 장악하게 되었다. 1351년 남부는 힌두 국가로서 독립을 되찾았다. 중앙 인도 역시 반란을 일으켜 이슬람 국가이기는 하지만 별개의 국가가 되었다. 델리 술탄 왕조는 1398년 티무르의 몽골 침략으로 막을 내렸다.

중국과 유럽의 항해 탐험가들이 인도로 향했다. 1497년, 포르투갈 탐험가 바스코 다 가마는 인도로 가는 해로를 찾는 임무를 받았다. 곧 포르투갈, 네덜란드, 영국, 프랑스도 인도

서해안에 무역 거점을 세웠다.

이 상인들은 전쟁 중인 왕국들의 경쟁을 이용하여 무역 거점뿐 아니라 전국적으로 정치적 기반도 마련했다. 델리 술탄 왕조의 시대가 끝날 무렵, 영국은 인도에서 프랑스령 퐁디셰리와 찬데르나고르, 네덜란드령 트라방코르, 포르투갈령 고아와 다만 그리고 디우를 제외한 모든 유럽 식민지를 차지했다.

【 위대한 무굴 제국(1526~1761년) 】

1526년, 델리의 술탄인 이브라힘 샤 로디에게 분노한 인도 현지 귀족들은 보복으로 칭기즈 칸의 우즈베크족 후손이자 카불의 통치자인 자히르 웃딘 무하마드 바부르에게 요청하여 델리와 아그라를 침략하게 했다. 이 귀족들은 의도치 않게 바부르를 도와 200년 동안 북인도를 통치할 이슬람 무굴 제국을 여는 데 기여했다.

【 악바르 대제(1542~1605년) 】

악바르 대제로 알려진 잘랄우딘 무하마드 악바르는 13세의 나이에 왕위에 올랐다. 바부르의 손자인 그는 관용과 평화를 추구하며 새로운 동맹을 맺고 비무슬림을 차별하는 법을 폐지했

델리에 있는 마스지드-이 자한-누마(전 세계를 비추는 모스크).

다. 악바르는 영적인 문제에 매우 진지했으며, 자신만의 혼합
종교인 딘일라히(신성한 믿음)를 창시하기도 했다.

　엄청난 예술 후원자였던 악바르는 무굴 예술과 문학 컬렉
션을 확장했다. 무굴 제국이 궁전, 요새 그리고 기념비적인 무
덤을 건설하면서 북인도의 예술과 건축은 변화했다. 붉은 요
새, 자마 마스지드, 타지마할 등 경이로운 건축물로 매우 유명
한 샤 자한은 악바르의 손자였다. 무굴 제국은 샤 자한의 아들
아우랑제브의 사망 후 쇠퇴했으며, 그의 통치는 오늘날까지 정
치적 논쟁의 주제가 된다. 그는 악바르가 폐지했던 비무슬림

에 대한 인두세를 부활시키고, 브린다반, 솜나트, 카시 비슈와 나트 같은 중요한 힌두교 사원을 파괴했다. 일부 현대 학자들은 아우랑제브를 근본적으로 반힌두교적인 인물로 간주하기도 하지만, 사원 파괴를 불안정한 왕국의 통합을 유지하기 위한 군사 전략의 일환으로 보는 학자들도 있다.

소규모 왕국들이 무굴 제국을 대체하려고 시도했으나 실패하면서 권력은 다시 분산되었다. 1858년 영국 정부가 동인도 회사에서 인도 통치권을 가져갈 당시, 100명 이상의 왕이 '무굴 황제'라고 칭하며 화폐를 발행하고 있었다.

【 동인도 회사와 식민지 인도(1600~1947년) 】

1600년, 영국 여왕 엘리자베스 1세는 인도와의 독점 무역권을 확보하려는 목적으로 동인도 회사에 칙허장을 부여했다. 무굴 제국의 황제 자한기르는 1617년 인도의 문호를 동인도 회사에 개방하는 데 주도적인 역할을 했다. 60년 후, 벵골의 나와브 (무굴 제국의 관직명. 지방 장관을 의미한다-옮긴이)인 시라즈 우드 다울라가 이를 따르기를 거부하자, 동인도 회사는 로버트 클라이브가 이끄는 사설 군대를 조직하여 해당 나와브와 그의 프랑스 동맹군을 물리쳤다. 클라이브는 1757년 동인도 회사 최초의 벵골 총독으로 임명되었다. 회사는 봉건제와 유사한 구조의 토지 과세 제도인 영구 정착지 제도를 도입하며, 벵골에서 무역 독점을 확립했다. 1772년부터 1785년까지 벵골의 총독이었던 워런 헤이스팅스는 현지 군대를 양성하고 팽창주의 정책을 추구했다. 1818년에 이르자, 회사는 인도 대부분을 장악하게 되었다.

동인도 회사의 세 군대에서 복무하던 힌두교도와 무슬림 병사들을 일컫는 세포이들 사이에서 영국 통치에 대한 불만은 점점 커졌고 결국 1857년 공개적인 반란(인도 대반란)으로 이어졌다. 반란군은 델리의 황제에게 자신들을 이끌어 달라고 요청했다. 하지만 영국은 결국 델리를 점령하고 모든 반란군 거점을 정복했다. 이 '제1차 독립전쟁'을 이끈 무굴의 마지막 황제 바하두르 샤 자파르는 버마로 추방되었고, 가문의 맥이 끊기게 되었다. 이제 영국 왕실은 가장 큰 식민지인 인도를 직접 통치하게 되었다.

영국령 인도 제국은 1858년부터 1947년까지 지속되었다. 이는 영국이 직접 통치하는 지역과 영국 왕실의 최종 권한 아래 인도 통치자들이 다스리는 반자치적 토후국들로 구성되었다. 19세기 동안 영국은 인도의 경제, 법률, 교육 인프라를 개발했지만, 자국의 이익에 부합하도록 경제를 왜곡했다. 제국 통치는 온정주의와 인종차별의 혼합이었으며, 1885년 봄베이에서는 영국 통치의 억압적인 측면에 대항하기 위한 인도 국민회의가 결성되었다. 1940년대에 이르자, 두 차례의 세계대전에서 인도가 영국의 전쟁 활동에 막대한 병력과 자금을 지원하면서 인도인들이 자신들의 상황을 인식하는 방식에 변화가 생겼다.

【 인도 독립 운동(1940년대) 】

'인도의 아버지'로 여겨지는 모한다스 카람찬드 간디(마하트마 간디, 1869~1948)는 영국으로부터 인도의 독립을 추구한 많은 사람 중 한 명이었다. 처음에 마하트마(위대한 영혼)는 영국령 인도 제국 내에서 평등과 시민권을 위한 캠페인을 벌였지만, 외세의 지배에서 벗어난 자유 없이는 그의 이상을 실현할 수 없다는 사실만 분명해졌다. 그는 인도 국민회의 총장인 자와할랄 네루 같은 열정적인 지배자들과 함께 연합하여 대규모 비폭력 행동의 힘으로 영국을 몰아낼 전국적인 운동을 일으켜서 인도 전역을 휩쓸었다.

1920년대에 시작된 혁명은 완전히 비폭력적이지만은 않았

1946년 7월 6일, 봄베이에서 열린 전인도 회의 중 대화하고 있는
모한다스 카람찬드 간디와 자와할랄 네루.

다. 수바스 찬드라 보스는 인도 국민회의에서 탈퇴하여, 제2차
세계대전 중 일본의 도움을 받아 반영 인도 국민군을 조직했
다. 처형된 젊은 혁명가 바겟 싱은 인도의 순교자로 유명해지
기도 했다. 이들과 많은 다른 남녀 위인들이 독립 운동의 불씨
를 지폈고, 이는 1947년 인도 독립으로 결실을 보았다.

【 바라트 탄생의 진통(1948~1991년) 】

인도에 대한 통치를 더 이상 지속할 수 없게 된 영국은 불가피하게 이를 받아들이고 독립을 승인했다. 1946년에 치른 선거에서 국민회의는 11개 주 중 8개 주에서 승리했다. 하지만 이제 이 아대륙에서는 무슬림 소수집단들이 힌두교 정부의 통치를 두려워한 까닭에 무슬림과 힌두교도 간의 오랜 갈등이 다시 고개를 들었다. 공동체 간 폭력이 발생했다. 무함마드 알리 진나가 이끄는 무슬림 연맹은 독립적인 무슬림 국가를 요구했다. 인도로부터 파키스탄을 분리 혹은 분할한 것은 영국이 남긴 이별 선물이었다.

마지막 영국 총독인 루이스 마운트배튼 경은 분할 기한을 설정하여 이 과정을 앞당겼다. 1947년 8월 15일, 인도는 주권국가가 되었고, 파키스탄은 무슬림 다수 지역을 기반으로 건국되었다. 1,200만 명의 무슬림, 힌두교도, 시크교도들은 가족과 재산을 뒤로하고, 자신들의 민족이 통치하는 안전한 땅으로 이동하려는 희망을 안고 현대 역사상 최대 규모의 이주를 시작했다. 그리고 이 대규모 이주 과정에서 발생한 폭동으로 50만 명이 목숨을 잃었다.

1948년 1월 30일, 분할에 반대하면서 무슬림과 힌두교가 함께하는 통합된 인도를 주장하여 분노를 샀던 간디가 젊은 힌두교 민족주의자에게 암살되면서 또 다른 충격이 인도를 강타했다. 자와할랄 네루는 새로운 자치 민주주의 국가가 된 인도의 초대 총리가 되었다. 그 뒤를 랄 바하두르 샤스트리가 이었으며, 그는 인도령 카슈미르를 둘러싸고 파키스탄과 지속적인 갈등에 직면했다. 이 갈등은 1965년 인도-파키스탄 전쟁으로 절정에 달했으며, 이후 그는 평화 선언을 체결하기 위해 파키스탄 대통령과 만났다.

1966년 샤스트리가 사망한 후, 네루의 딸인 인디라 간디가 총리가 되었다. 그녀는 제2차 인도-파키스탄 전쟁에서 인도의 승리를 이끌었으며, 이는 과거 동파키스탄이었던 방글라데시가 1971년 독립 국가로 설립되는 결과를 가져왔다.

1975년 인디라 간디 총리가 선거 부정으로 유죄 판결을 받으면서 또 다른 폭탄이 터졌다. 그녀는 비상사태를 선포하고 19개월 동안 권위주의적 통치를 시행하는 것으로 대응했다. 이에 1,000명의 정치적 반대자들을 투옥하고, 지적장애인과 대규모의 농촌 주민들을 대상으로 불임 시술을 받게 하는 등 강제적인 산아 제한 프로그램의 시행으로 700만 건 이상의 정관 수술이 초래되었다.

당연히 간디 총리의 정부는 비상사태 이후 치러진 선거에서 패했지만, 3년 후 다시 권력을 되찾았다. 하지만 1984년, 인디라 간디는 정부가 시크교 황금 사원을 공격한 것에 대한 보복으로 시크교 경호원들에게 암살당했다.

인도의 위대한 왕조 전통에 따라, 인디라 간디의 차남 라지브 간디는 마지못해 어머니의 자리를 곧바로 대신할 수밖에 없었다. 하지만 부패 혐의로 그의 정부도 1989년에 붕괴했다. 1991년 선거운동 중, 라지브의 마지막 행동은 자신의 발에 존경을 표하러 온 것처럼 보이는 한 젊은 여성을 맞이한 것이었다. 타밀 타이거(스리랑카 타밀족의 완전독립을 주장하는 반군조직-옮긴이)의 지지자였던 이 자살 폭탄 테러범에 의해 라지브는 암살되었고, 인도는 충격에 빠졌다.

【 위대한 바라트(1991년~현재) 】

새천년의 인도는 바라트 문화와 그것의 글로벌 영향력에 대한 대변혁을 목격하고 있다. 인도는 세계 경제에서 강국으로 부상했다. 1990년대 초, 재무장관 만모한 싱은 광범위한 금융 개혁을 단행하여 급속한 경제 성장을 이루었다.

싱은 인도 경제 개혁의 아버지로 여겨졌으며, 2004년에 이어 2009년에도 총리로 재선출되었다. 그는 정부 적자를 줄이고, 대규모 농촌 일자리 프로그램을 시행했으며, 농민들에게는 부채 탕감을 허용했다. 그 밖의 다양한 경제 정책과 세제 개혁을 통해 경제 환경을 변화시켰다.

인도는 또한 핵보유국이 되었다. 2006년 미국과 핵협정을 체결하여 민간 핵기술, 미국의 전문 지식, 핵연료에 대한 접근 권한을 얻었다. 이와 더불어 인도는 민간과 군사 핵 프로그램을 분리하고 영구적인 국제 사찰을 받을 것을 약속했다. 2년 후, 미국은 인도와 핵 거래를 시작했으며, 2009년 러시아는 7억 달러 규모의 우라늄을 인도에 공급하기로 합의했다. 오늘날 핵에너지는 인도에서 다섯 번째로 큰 전력 공급원이다.

정부와 정치

인도는 세계에서 가장 큰 민주주의 국가다. 공화국인 인도는 29개의 주와 7개의 연방 직할지, 뉴델리 수도 특별 지역으로 구성되어 있다. 역사적으로 중앙 정부는 주보다 더 큰 영향력을 행사했지만, 1990년대의 정치적, 경제적, 사회적 개혁은 주의 권한을 증가시켰다.

　행정부는 대통령, 부통령 그리고 총리가 이끄는 내각으로 구성된다. 국가 원수인 대통령은 선거인단에 의해 5년 임기로 선출된다. 총리는 대통령이 임명하며, 의회의 하원인 입법부에 종속된다.

　입법부는 상원인 라지야 사바(국가 회의)와 하원인 로크 사바(인민 의회)라는 양원제로 구성된다. 라지야 사바 의원은 6년 임기로 각 주에서 선출된다. 로크 사바 의원은 개별 선거구의 국민 투표로 선출되며 5년 임기를 수행한다.

　사법부는 대법원장을 수장으로 하여, 21개의 고등법원과 대법원으로 구성된다. 대법원은 법 제정 권한을 가지며, 주에서 제정한 법이 위헌이라고 판단되면 이를 폐지할 수도 있다.

　인도에는 힌두교 신들만큼이나 많은 정당이 있으며, 주에서 승인된 수십 개의 정당과 1,000개가 넘는 미승인 지역 정당들이 선거에서 경쟁하고 있다. 각 주는 자체 정부를 가지고 있다. 한 정당이 4개 주에서 승인받으면 국가 정당이 되는데, 2019년에는 7개의 국가 정당이 있었다.

　인도의 정치적 복잡성과 교육 수준의 차이에도 불구하고, 모든 인도인은 자신들의 정부가 운영되는 방식을 설명할 수 있으며 시사 문제에 대한 의견을 제시할 수 있다. 그들에게 신문, 라디오, 텔레비전과 인터넷은 일상생활의 일부다. 이런 매체들은 모두 세계의 정치 정보를 얻는 중요한 수단이다. 인도인들에게 정치 이야기는 마치 숨 쉬는 것처럼 자연스럽다.

인도인들은 정치에 열정적이며, 그렇지 않은 사람들을 보면 매우 놀란다. 인도의 정치 역사에서 나타난 열정과 힘은 오늘날에도 종종 폭동으로 이어지는 자발적인 정치 집회와 높은 투표율에서 여전히 찾아볼 수 있다. 마하트마 간디가 불가촉천민의 고통을 알리거나 폭력적인 갈등을 막기 위해 목숨을 건 단식 투쟁을 벌인 이후, 많은 인도인은 변화를 일으킬 힘을 가진 사람들을 설득하기 위해 기꺼이 자신의 목숨을 희생하고 있다.

경제

40년 동안 인도의 경제 성장은 이념에 치우친 정책 제한과 정치적 부패로 인해 저해되었다. 네루가 사회주의를 고수하면서 자본주의의 일부 측면을 수용하려고 시도했지만, 이는 기대했던 사회적, 경제적 결과를 가져오지 못했다. 인도의 주요 무역 상대국이었던 소련이 붕괴하고 걸프전쟁으로 유가가 급등하면서, 인도는 구제금융 수준의 재정 위기에 봉착했다.

만모한 싱의 개혁은 인도를 세계에서 가장 빠르게 성장하는 경제로 도약시켰다. GDP는 2008년부터 2009년까지의 세계 경제 불황 동안에도 계속 성장했다. 실제로 그해 인도의 IT 부문은 20% 성장했다.

나렌드라 모디가 2014년에 집권했을 때, 그는 인도의 경제에 새날이 밝아 오기를 열망했다. 2015년, 모디 정부는 경제를 관광 및 비즈니스를 통해 활성화하려는 지속적인 노력의 하나로 인도 입국 시 곧바로 비자 발급이 가능하게 하는 절차를 처음으로 시행했다. 그리고 경제 변화를 위해 다른 거대한 조치들도 취했는데, 모두 성공적이지는 않았다. 예를 들어, 인도의 현금 86%를 차지하는 지폐를 무효로 함으로써 하룻밤 사이에 그 가치를 없애 버렸으며, 새롭게 혼란스러운 세제 개혁과 제한적인 노동법이 도입되었다. 또한 점점 높아지는 힌두교 민족주의도 비즈니스의 형태 변화에 기여하고 있다.

겉보기에는 난관이 있어 보이지만 인도 경제는 계속해서 성장하고 있으며, 이는 부분적으로 인도 GDP의 18%와 노동력의 50%가 여전히 농업에 기반하기 때문이다. 인도는 수 세기 동안 수출국으로 알려져 왔다. 2009년 인도의 상품과 서비스 수출을 두 배로 늘리기 위한 정책으로 '메이드 인 인도'는 더욱 활성화되었다. 모디 총리는 임기 초, 인도로 외국 기업을 유치하면서 '메이크 인 인도' 이니셔티브를 시작했다. 그의 임기 첫해에 인도 내 일본 기업의 수는 15% 증가했다.

인도는 또한 컴퓨터 공학과 마케팅 분야에서도 뛰어난 혁신을 이루어 냈다. IBM과 애플에서부터 코카콜라와 펩시에 이르기까지, 대형 기술 기업들 사이에서 인도 기반의 기술 지원 및 소프트웨어 개발은 일반적인 현상이 되었다. 인도의 서비스 제공 업체들은 대기업에 서비스를 제공하는 것에서 벗어나 이들과 경쟁하는 단계로 전환하고 있다.

【 새로운 중산층 】

국내외적으로 인도의 40세 미만 세대는 서구의 중산층과 매우 비슷해 보인다. 최근 몇 년 사이 인도의 중산층은 두 배로 증가했으며, 여기에는 교육받은 전문직뿐만 아니라 노점상, 목수, 전기 기술자와 같은 '블루칼라' 노동자들도 포함된다. 이전 세대와 달리, 오늘날의 중산층은 부동산과 금에 덜 투자하고 대신 다른 생활 방식을 소비한다. 선택과 편의성은 점점 더 가처분 소득의 사용 방식을 결정하는 중요한 요소가 되고 있다. 도시에서는 맞벌이 부부가 보편화됨에 따라 슈퍼마켓, 포장 식품 및 다양한 레스토랑 선택도 증가하고 있다. 한때는 지위의 상징이었던 자동차는 이제 하위 중산층 가정에서도 구매할 수 있게 되었다. 그러나 눈에 보이는 부의 성장 징후와는 대조적으로, 인도인들은 자신들이 퇴보하고 있다고 느낀다. 최근 갤럽 여론조사에 따르면, 인구의 3%만이 자신들이 경제적으로 '잘살고 있다'고 느끼는 것으로 드러났는데 이는 2014년의 14%와 비교되는 수치다.

고학력의 인도인들은 기업가적 비전과 동기를 가지고 계속해서 자신들을 전 세계 시장에 내놓고 있다. 전 세계적으로 3,100만 명의 인도 재외국민들이 있으며, 이들은 본국에 700억 달러를 송금한다.

돈만이 본국으로 돌아오고 있는 것은 아니다. 한때 일자리와 부를 찾아 서구로 이주했던 인도인들이 다시 인도로 돌아오고 있다. 오늘날 IT 전문가와 엔지니어 그리고 관리자의 부족은 인도 내에서 더 많은 고용과 발전 기회를 의미한다. '귀향'의 움직임은 생활비, 자녀의 사회 및 교육 문제, 가족 지원 그리

인도는 현재 기온 상승으로 인한 농작물 실패와 부채로 어려움을 겪는
농민들 사이에서 자살이 만연해 있다.

고 미국을 비롯한 기타 여권 소지자를 위한 인도 해외 시민권
OCI 옵션과 같은 요인에 의해 주도되고 있다. 인도의 경제 변화
와 기업가들에 대한 개방성은 남아시아의 전망을 더 밝게 만
든다. 하지만 암울한 빈곤이 여전히 이 나라를 괴롭히고 있다.

【 확대되는 빈부 격차 】

인도의 평균 임금은 최근 18년 동안 두 배로 증가했다. 하지
만 이는 인도의 1인당 소득이 약 2,000달러에 불과하고 2억

독특한 현대 건축물이 특징인 벵갈루루의 비즈니스 지구.

2,400만 명의 인구가 하루 1.9달러 미만으로 생활하는 현실을 고려하면 큰 의미가 없다. 인도는 전 세계에서 빈곤층이 가장 많이 집중되어 있으며, 특히 아동 관련 통계는 더욱 암울하다. 인도는 3세 이하 아동의 영양실조율이 39%로 아동 영양실조율이 세계에서 가장 높다.

인도의 노동력 규모는 중국 다음으로 세계 2위다. 인구의 64%가 노동 연령이며, 인도의 14억 인구 중 절반이 25세 이하다. 1991년부터 2013년 사이 3억 명이 노동 연령에 도달했지만, 그중 고용된 인원은 1억 4,000만 명에 불과했다. 이 숫자는 계속해서 급증하여 2050년까지 2억 8,000만 명이 추가로 노동 시장에 진입할 것으로 예상된다. 많은 사람이 가족을 부양할 수단 없이 살아가고 있으며, 자녀 교육은 더욱 어려운 상황이다. 대부분 비숙련 노동자인 수만 명의 남녀가 해외에서 좋은 일자리를 약속받고 속아 넘어가지만, 목적지에 도착하면 사실상 노예 같은 현실에 직면한다. 인도의 만성적인 사회 문제는 미래의 모든 번영 가능성을 망칠 수 있다. 그러나 풍부한 천연자원과 인도 국민의 창의성을 과소평가해서는 안 될 것이다.

02

가치관과 사고방식

인도인들은 강한 소속감을 지녔다. 이를 민족주의로 분류할 수도 있으며, 때로는 실제로 그렇기도 하다. 하지만 이러한 감정들은 대개 정치적 독립체로서의 인도에 관한 것은 아니다. 인도인의 정체성을 이루는 건 역사, 공동체와 가족이다. 언어, 카스트, 주 그리고 종교의 하위 범주와 하위 문화가 곧 인도다.

정체성

인도인들은 강한 소속감을 지녔다. 이를 민족주의로 분류할 수도 있으며, 때로는 실제로 그렇기도 하다. 하지만 이러한 감정들은 대개 정치적 독립체로서의 인도에 관한 것은 아니다. 인도인의 정체성을 이루는 건 역사, 공동체와 가족이다. 언어, 카스트, 주 그리고 종교의 하위 범주와 하위 문화가 곧 인도다.

인도인들에게 '나는 누구인가?'라는 질문에 대한 답은 '나는 인도인이다'라는 것보다는 훨씬 깊고, '나는 나다'라는 것보다는 훨씬 더 광범위하다. 인도인들은 역사(나는 앵글로 인디언이다), 종교(나는 시크교도다), 카스트(나는 나다르다), 민족 집단(나는 아삼인이다), 주(나는 타밀인이다), 언어(나는 말라얄람어 사용자다) 등 다른 문화에는 존재하지 않을 수 있는 다양한 범주를 통해 자신을 정의한다. 인도인들을 하나의 붓으로 색칠하려는 시도는 그들의 특별한 복잡성을 이해하지 못한 것이다.

하지만 이러한 구분을 초월하는 공유된 가치가 존재하며, 이는 인도인들에게 공통의 문화를 선사하고 모두가 함께 "나는 인도인이다"라고 말할 수 있게 한다.

계층

인도에서 계층은 피할 수 없는 요소다. 모든 사물과 사람은 다른 모든 사물과 사람에 비교해 위아래로 등급이 매겨진다. 사회적 질서에서 당신의 위치는 다른 사람들이 당신을 어떻게 대하고 당신에게 무엇을 기대할지를 결정한다.

인도에서 사람들이 앉는 곳을 살펴보자. 의자는 중요한 사람들에게 제공된다. 물론 식당처럼 사람들이 모이는 도시 환경에서는 적용되지 않지만, 방에 들어갔을 때 사용할 수 있는 의자에는 몇몇 '거물'들이 앉아 있고 나머지 사람들은 모두 바닥에 앉은 것을 목격하는 건 드문 일이 아니다. 당신은 '높은' 사람과 '낮은' 사람의 차이를 구별할 수 없을지도 모르지만, 인도인들은 할 수 있다.

이는 가족 내에서도 동일하다. 언어는 나이와 성별에 따라 구조화된 가족 계급을 보여 준다. 많은 상황에서 아내는 남편을 동등한 존재로서 이름으로 부르지 않고 '대디^{Daddy}'(아빠) 또는 관계 용어 중 다른 것으로 지칭할 수 있다. 자녀들은 나이가 많은 형제에게는 타밀어의 '안난^{Annan}'을, 나이가 많은 자매에게는 힌디어의 '디디^{Didi}'와 같은 특정 접미사를 사용해 손위 형제자매를 부른다. 인도인들은 태어날 때부터 가족과 공동체, 또 사회의 서열 속에서 자신이 누구인지 배운다. 북인도에서는 종종 가족 밖에서도 공동체 내 계급 구조를 인정하면서 형제를 가리키는 '바이^{Bhai}'나 영어 용어인 '앤티^{Aunty}'(아줌마) 또는 '엉클^{Uncle}'(아저씨)과 같은 가족 존칭을 사용한다.

【 카스트 】

본래 '카스트'는 힌두교 개념으로, 사회 질서 속에서 순위가 매겨진 독특한 세습적인 집단을 가리킨다. 신학적으로 보면, 원래의 네 가지 카스트, 즉 '바르나'는 창조신 브라흐마의 몸에서 나왔다. 사제를 뜻하는 브라만은 입에서, 통치자인 크샤트리아는 팔에서, 상인과 농부인 바이샤는 허벅지에서, 그리고 장인과 하인인 수드라는 발에서 나왔다. 처음에는 직업에 기반했던 이 바르나는 이제 단순히 힌두교도를 넘어 모든 인도인에게 가치와 삶의 가능성을 결정하는 엄격한 범주가 되었다.

각 손가락은 저마다 고유의 굵기를 가져야 한다.

– 타밀 속담

카스트 그룹은 일일이 이름을 열거하기 어려울 정도로 너무나 많다. 인도 전역에 수천 개의 카스트와 하위 카스트가 존재한다. 지역과 종교적 하위문화는 각각 구별할 수 있는 고유의 카스트 묘사법을 가지고 있다. 사람의 이름, 출생지 그리고 신체적 특징은 카스트의 지표가 될 수 있다.

카스트 제도가 폐지되었다고 말하는 사람들이 있는데, 이는 서류상으로는 맞는 말이다. '하위 카스트'와 '불가촉천민'에 대한 교육과 직업 기회는 상당히 개선되었다(그렇지만 그런 기회를 활용하려면 공식 서류에 카스트를 기록해야만 한다). 도시 환경에서도 카스트가 덜 중요해 보인다. 당신은 만원 버스에서 누구와 어깨를 맞대고 있는지 알 수 없다. 붐비는 식당에서 음식을 만들 사람과 옆 테이블에 앉을 사람을 정할 수도 없다. 거리에서는 사람들이 카스트 배지를 달거나 한때 카스트를 나타냈던 옷을 입지도 않으며, 많은 인도인이 자신의 카스트를 인식할 수 없도록 이름을 변경했다. 이러한 상황에서 교육과 소득에 기반한 계급 구분이 더욱 중요해진다.

하지만 카스트 의식은 여전히 건재하다. 인도인들은 마치 개인적으로 그리고 문화적 역사에서 비롯된 타고난 레이더를 가지고 카스트 제도라는 퍼즐 속에서 자신이 어디에 속하는지를 알려 주는 단서들을 스캔하는 것 같다. 일상생활에서 카스트 규범을 덜 지키는 사람들조차 결혼과 같은 인생의 중요한 결정을 내려야 할 때는 카스트의 중요성이 매우 분명해진다.

카스트 밖에 존재하는 사람들도 있다. 전체 인구의 16.6%는 카스트 제도의 일부로 간주하기에는 너무 낮은 위치에 있으며, '달리트', '불가촉천민', '하리잔', '지정 카스트' 등으로 다양하게 불린다. 1950년대 달리트 정치 지도자였던 B. R. 암베드카르 박사는 카스트 제도에 대한 항의로 힌두교에서 불교로 개종하기도 했다.

이후 수백만 명이 그의 사례를 따라 카스트의 굴레에서 벗어나기 위해 불교나 기독교로 개종했다. 신학적으로 불교도는 모든 차별이 허상이라고 믿으며 기독교도도 모든 신자의 단일성을 확언하지만, 현실에서는 모든 인도의 종교에서 카스트가 존재한다. 달리트는 진정한 의미로 카스트에서 벗어날 수 없으므로 사실상 다섯 번째 카스트가 되어 카스트 제도의 지속적인 영향력을 보여 주고 있다.

【계급】

계급은 카스트와 연결되어 있다. 여기에는 상위 카스트(상류층),

하위 카스트(중류층), 달리트라는 세 가지 주요 계급이 있다. 계급은 대개 정치적 그룹과 동맹을 기반으로 하여 형성된다. 카스트와 경제적 번영 사이에는 일반적으로 상관관계가 있다. 개인들은 카스트가 높을수록 교육, 인맥, 출세의 기회가 더 많아진다.

> 막대를 가진 자가 물소를 소유한다.
>
> – 힌디어 속담

국립응용경제연구위원회는 하루 10달러의 구매력을 가진 사람들을 '중산층'으로 정의한다. 이 정의에 따르면, 인도 인구의 50%가 중산층에 속한다.

중산층이 되는 것에서 예상치 못한 결과 중 하나는 공동체적 정체성과 개인적 정체성 및 성취 사이의 갈등이다. 과거에는 순종적인 아들이 부모님께 자동차를 사 드리거나 어린 사촌들의 교육비를 지원했을지 모른다. 하지만 이제 다른 도시에 거주하거나 심지어 다른 나라에 살면서 더 많은 가처분 소득을 가지게 된 이들은 그 돈을 할리 데이비슨 오토바이나 여자친구에게 쓴다 해도 누가 알 수 있겠는가?

중산층은 자수성가한 남녀로 구성되어 있다. 그러나 번영을 이룬 길은 모든 인도인이 갈 수 있는 길은 아니다. 독립 이후 정부가 고등 교육에 돈을 쏟아부었지만, 대부분의 인도인은 대학 입학 수준의 교육을 받지 못했다. 대부분은 너무 가난했고, 좋은 직업으로 이어지는 교육과 사회적 네트워크와 거리가 너무 멀어서 중산층과 함께 성장할 수 없다. 최근 몇십 년 동안 교육과 정부 부문에서의 할당제 요건으로 인해 일부 '하위' 계층 사람들이 경제적 상승을 시작할 수 있게 되었지만, 오래된 계급 구조와 지속적인 차별은 그 상승을 어렵게 만든다.

많은 중산층 사람이 자신들의 힘을 이용하여 대가족의 필요를 충족시킬 뿐 아니라 가난한 사람들을 돌본다. 여성과 아동의 필요를 충족시키는 데 주안을 둔 소규모 비영리 단체들이 인도 전역에서 생겨났다. 그러나 카스트와 종교가 문화적 범주를 정의하는 핵심 요소이기 때문에 중산층이 자신을 특별한 '계급'으로 인식하기는 어려울 수 있다.

【 외국인과 계층 】

인도에서 서양인들이 생각하는 공정성이나 평등을 기대하지 않아야 한다. 이러한 가치는 인도인들이 필요하다고 느끼거나 좋다고 생각하는 가치가 아니다.

서양에도 계급과 개인 및 정치적 역사 그리고 가족으로부터 배운 편견을 기반으로 한 계층 구조가 있다. 그러나 우리 대부분에게 이러한 경계는 뚫을 수 있는 것이며 노력으로 극복하거나 시간이 지남에 따라 변화할 수 있는 것이다. 이는 인도의 계층 개념과는 다르다. 공동체와 가족 내에서의 역할, 정체성, 교육과 직업 선택, 적절한 인생 관계는 모두 자신이 태어난 카스트와 가족에 의해 결정된다.

존경은 '상위'에 태어난 사람들이 받을 기본 권리로 간주한다. 당신이 윗사람을 무시하거나 불복종하는 것은 자기 자신뿐 아니라 가족을 비롯한 당신과 연관된 모든 사람에게 수치, 불명예 그리고 사회적 처벌을 가져올 정도로 심각한 행위다.

이러한 가치관의 차이는 인도를 방문한 사람들에게 표면적이지는 않더라도 적어도 내적인 갈등을 경험하게 할 수 있다. 하지만 때로는 계층 구조가 당신에게 유리하게 작용할 수도 있다. 백인 남성은 사회적 척도에서 '상위'로 간주되어 존경받는다. 이는 특히 당신이 '상사'일 경우 더욱 그럴 것이다. 백인 여성 역시 특별한 범주에 속해 종종 인도 여성에게는 허용되지 않는 접근권, 특권, 존경을 받을 수 있다.

이러한 특혜가 모든 외국인에게 적용되는 것은 아니다. 세계의 많은 곳들과 마찬가지로, 피부색에 따라 차별을 받고 때로는 학대가 일어나기도 한다. 인도, 아프리카, 유럽 어디에서 오든 더 어두운 피부색을 가진 사람들은 사회적 서열에서 맨 아래에 놓이게 된다. 주변 국가 출신들은 북쪽의 중국에 대한 두려움이나 남쪽의 타밀-신할라 분쟁이 관련된, 오래된 편견과 고정관념에 맞닥뜨린다. 파키스탄과 인도는 70년이 넘도록 유혈사태, 전쟁 그리고 양측의 나쁜 태도로 고통받고 있다.

종교

신학과 역사 그리고 관례의 차이에도 불구하고, 인도인들은 대개 종교가 개인의 정체성과 가족 및 사회의 안녕에 매우 중요하다고 믿는 경향이 있다.

헌신 없는 예배는 의식을 낭비할 뿐이다.

– 텔루구어 속담

【 힌두교 】

힌두교도는 인도 인구의 거의 80%를 차지한다. 10명의 힌두교도에게 자신의 종교를 설명해 달라고 요청하면, 서로 관련은 있지만 동일하지는 않은 10가지의 답변을 얻게 될 것이다. 힌두교는 수천 년에 걸쳐 발전한 신앙으로 비교적 최근에 공식화되었다. 철학적으로 힌두교는 범신론적 단일론이다. 이는 본질적으로 '모든 것은 하나이며, 하나는 모든 것이고, 모든 것은 신이다'라는 믿음에서 비롯된다. 하나의 분화되지 않은 비인격적인 신성한 의식인 브라만이 유일한 실재다. 그 외의 모든 것은 '마야', 즉 환상이다.

힌두교 경전의 목적은 만물이 하나라는 진리를 밝혀, 죽음과 환생이라는 환상에 불과한 순환에서 벗어나 하나로 돌아가는 길을 비추는 것이다. 실제로 행해지는 힌두교는 이념과 의식에 초점을 맞춘 이야기의 종교다. 많은 경전이 브라만이 형이상학적 세계에서 물리적 세계로 내려온 현신인 아바타, 즉 신과 여신들에 관한 이야기를 담았으며, 이는 힌두교에서 가장 눈에 띄는 부분이다. 비록 이 신들은 진리의 신기루에 불과하지만, 엘리트 지식인층을 제외한 모든 사람은 이 신들을 숭배하는 것이 힌두교의 필수적인 부분이라고 생각한다.

신성한 도시 바라나시의 갠지스강 가트에서 향을 피우며 아라티 의식을 행하고 있는 신자들.

힌두 철학은 복잡하고 지식인들 사이에서도 논쟁의 대상이나, 힌두교도들 대부분에게는 단순한 삶의 방식일 뿐이다. 힌두교에는 단일하고 통일된 경전과 역사적 지도자 또는 신앙 선언문이 없지만, 명확하게 인식되는 핵심 신념과 관습은 있다.

다르마, 즉 의무는 때때로 '진리'로 번역되는데, 이는 개인이 자신이 태어난 역할을 전심으로 함으로써 가족과 공동체 내에서 자신의 책임을 다하도록 요구한다.

윤회는 모든 생명체의 운명인 탄생, 삶, 죽음, 환생이 순환되는 것을 뜻한다. 전통 힌두교에서 채식주의 식단을 고수하는 것은 윤회에 대한 이러한 믿음이 논리적으로 이르는 결론이다.

업보, 즉 도덕적인 인과응보의 법칙은 환생의 상태를 결정한다. 자신의 의무를 다하면 다음 생에서 더 나은 삶을 살 수 있다. 선을 행하면 다음 생에는 좋은 일이 일어날 것이다. 윤회에서 벗어나는 궁극적인 해방인 해탈에 이르는 것은 현생에서의 행동이 결정한다.

푸자, 프라사드, 틸락은 헌신에 대한 가시적인 표시다. 남편과 자녀들의 영적 안녕을 책임지는 아내들과 어머니들은 가정의 신단에서 가족의 신에게 의식(푸자)을 행한다. 먼저 신에게 꽃, 음식, 또는 불을 바친 다음 가족에게 프라사드를 내놓는다. 프라사드는 신에게 바쳤던 음식으로 대개 라두(볼 모양의 달콤한 견과류와 병아리콩)다. 기도와 의식을 통해 정화된 이 신성한 음식은 이를 먹는 모든 사람에게 신의 축복을 전한다.

사원에서 사제가 행하는 푸자는 돈이나 음식을 공물로 바치는 사람들에게 축복이나 용서, 또는 영적인 힘을 부여하는 것이다. 힌두교 신자들은 사제들이 건네주는 불에서 축복을 퍼 올리고, 손으로 불꽃에서 얼굴이나 머리 위까지 쓸어내린다. 푸자를 행한 사람들은 불에서 나온 재나 강황, 사프란, 점토 또는 주홍 물감으로 만든 가루로 이마에 표시를 한다. 이런 틸락의 모양은 종종 숭배하는 신을 나타낸다.

외국인들이 종종 소 숭배로 생각하는 것은 사실 소 도축에 대한 금기다. 소는 오랫동안 사회적, 종교적, 실용적인 이유로 인해 보호받아 왔다. 소는 우유를 통해 생명을 주고, 크리슈나 신화에서 중요한 위치를 차지하며, 역사적으로는 한때는 고위 카스트인 브라만과 동일시되었다.

【 이슬람교 】

비록 다른 나라에 정복당하면서 인도에 이슬람교가 전해졌지만, 현재 이슬람교는 인구의 14% 이상이 믿는 신앙이 되었다. 무슬림들은 인도 전역의 미나레트에서 하루에 다섯 번씩 '알라 외에는 신이 없으며, 무함마드는 그의 예언자다'라는 선언과 함께 기도하게 되어 있다. 무슬림에게 종교는 삶의 지침이 되며, 아기 이름을 짓기 전에 그 귀에 속삭여 주는 기도에서 시작해 무덤 위에서 코란을 암송하는 것으로 끝이 난다.

기원후 622년경 아라비아에서 창시된 이슬람교는 예언자 무함마드의 가르침을 바탕으로 둔다. 알라만이 유일한 창조자이자 심판자다. 많은 히브리와 기독교 예언자들이 이슬람에서 존경받지만, 무함마드는 '예언자의 인장'으로 여겨진다.

이슬람의 다섯 기둥	
샤하다	신앙 고백
살라트	하루에 다섯 번 기도
자카트	가난한 자들에게 자선을 베풂
사움	라마단 달(무함마드에게 계시가 내려진 달) 동안 금식을 통한 자기 정화
하즈	일생에 적어도 한 번 메카 순례를 수행

　　이슬람의 목표는 '복종'을 의미하며, 알라(하나님)를 기쁘게 하고 그의 자비에 따라 천국에 들어가기 위해 선을 행하고 악을 피하는 것이다. 이 헌신은 다섯 가지 기둥을 통해 표현된다.

　　이슬람교는 엄격한 유일신교이기 때문에 우상 숭배는 금기다. 인간 형상을 물리적으로 표현하는 것은 예술로써도 명백히 금지된다. 예언자도 존경은 받지만 숭배되지는 않는다.

　　하나님의 말씀은 천사 가브리엘이 예언자 무함마드에게 계시하고, 그가 암송한 후 기록되어 코란에 담겼다. 코란 사본은 모스크뿐 아니라 가정에서도 항상 받침대 위에 놓으며, 바닥이나 누군가의 발 가까이에 두어서는 절대로 안 된다. 코란을 경시하는 것은 하나님과 그의 예언자를 무시하는 것이다. 코란은 번역됐지만, 무슬림들에게 진정한 계시는 무함마드에게 주어진 아랍어로 된 것이다.

인도의 무슬림들은 주로 수니파이며, 이들은 이슬람식이기보다는 인도적인 독특한 관습을 가졌다. 무슬림 신비주의자인 수피들은 14세기에 인도에 들어와서, 힌두교 구루들과 잘 융화된 성인들을 통해 이슬람교를 전파했다. 살아 있는 성인이라고 불리는 이러한 피르들은 살아 있는 동안 추종자들을 모았다. 그들이 사망하고 나면 그들의 성스러운 삶에 관한 이야기가 사람들을 무덤으로 이끌었고, 그 무덤은 곧 기도 장소가 되었다. 그리고 기적적인 치유의 전설이 전해지면서 무덤 자체가 성지가 되었다. 오늘날 인도 전역에는 수백 개의 다르가 dargah, 즉 '성지'를 찾아볼 수 있다. 예배자들의 독특한 복장이 아니었다면 얼핏 봤을 때 힌두교나 가톨릭 성지로 오인할 수도 있다. 예배자들은 기도하면서 무덤을 만지기 위해 손을 뻗는 흰 모자를 쓴 남성들과 성지를 둘러싼 철로 된 빗장에 붉은 실을 묶는 검은 가운을 입은 여성들로 이루어져 있다.

【 기독교 】

기독교는 예수의 열두 사도 중 하나인 토마스가 인도에 전파했다. 케랄라주에 위치한 말란카라 마르 토마 시리아 교회는 기원후 52년에 말라바르 해안에 상륙한 토마스에게 직접적으로 그 뿌리를 두고 있다. 기독교는 2,000년 동안 인도에 존재했지만, 특히 최근 몇 세기 동안 인도에서 선교사들은 기독교의 성장뿐 아니라 교육과 문맹률, 건강과 의료 분야 발전에도 기여했다.

공식적으로 기독교인은 인도 인구의 2.3%를 차지한다. 주로 남부와 북동부에 거주하며, 이 중 60%는 로마 가톨릭 신자에 속한다. 인도 최대의 개신교 교회인 남인도 교회는 1947년 장로교와 회중교, 감리교 그리고 성공회가 연합하여 설립되었다. 공통된 신조를 공유하지만, 인도 기독교인들은 교리의 세부 사항과 카스트 문제로 나뉘어 있다. 침례교든 가톨릭교든, 혹은 야곱파 교회든 북인도 교회든, 모두 출생과 강한 사회적 정체성 그리고 공동체 외부인과의 결혼에 대한 엄격한 금기를 통해 영속되는 카스트 기반의 공동체다.

예배의 형태는 다양하다. 스테인드글라스 창문이 있는 커다란 건물에 모여 영어에서 번역된 책을 보고 찬송가를 부르는 사람들이 있는가 하면, 집에 모여 바닥에 매트를 깔고 앉아 바잔(종교적 노래)을 부르는 사람들도 있다.

【 불교 】

불교는 신도가 800만 명으로 소수에 불과하지만, 이는 인도에서 기원했으며 인도의 역사와 문화에서 중요한 역할을 한다. 불교의 창시자인 싯다르타 고타마는 기원전 563년 네팔의 한 언덕에서 고위 카스트 힌두교도로 태어났다. 싯다르타는 29살에 편안한 삶을 버리고 처음에는 금식과 고행을 통해, 그다음에는 명상을 통해 의미를 찾기 위한 여정을 시작했다. 북인도의 비하르를 여행하던 중 싯다르타는 삶의 이유를 깨달을 때까지 나무 아래에 머물기로 결심했다. 그리고 바로 그곳에서 깨달음을 얻고 사성제를 이해하게 되었다고 한다.

'깨달은 자(붓다)'가 된 싯다르타는 제자들을 모아 오늘날까지 이어지는 승단을 창설했다.

불교에는 두 가지 주요 교리가 있다. 인과의 법칙은 우연히

사성제
고통은 보편적이다.
고통은 욕망에서 비롯된다.
고통은 예방할 수 있다.
고통은 욕망을 극복할 때 극복된다.

일어나는 일은 아무것도 없으며, 모든 것은 업보에 기초한다고 가르친다. 무상의 법칙은 모든 것은 변한다고 가르친다. 파괴되는 것은 아무것도 없으며 단지 다른 형태로 돌아갈 뿐이라고 가르치는데, 여기에는 환생을 통한 인간의 영혼도 포함된다.

불교의 목표는 모든 욕망을 극복하고 깨달음을 얻음으로써 고통과 윤회의 고리를 벗어나는 것이다. 붓다가 깨달음에 이르기 위해 처방한 방법은 중도, 즉 과잉과 금욕주의를 배척하고 올바른 견해와 사유, 말, 행동, 바른 생활, 노력, 마음 챙김과 정신 집중이라는 팔정도를 수행하는 것이다.

철학적으로 불교는 신이 없는 종교지만, 붓다는 인도의 불교도들 대부분에게 숭배의 대상이 되었다. 그의 동상과 사원은 인도 아대륙 전역에서 찾아볼 수 있다. 인도에서 가장 신성한 세 곳은 붓다가 깨달음을 얻은 비하르주의 보드가야, 첫 설법을 통해 '진리의 바퀴를 굴리기 시작'하여 불교를 확립한 사르나트, 그가 죽은 쿠시나가르다.

안드라프라데시주 벨룸 동굴 근처에 있는 불상.

【시크교】

시크교의 창시자인 구루 나낙은 1469년 고위 카스트의 힌두교 가정에서 태어났다. 그는 이슬람교의 유일신 사상에 영감을 받았고, 힌두교와 이슬람교 성인들 모두에게 끌렸다. 힌두교와 이슬람교의 통합을 설파하는 그의 가르침은 제자들(시크교도)을 끌어모았다. 힌두교와 이슬람교의 경전을 포함하는 구루 나낙의 가르침은 결국에는 시리 구루 그란트 사히브라는 성서에 기록되었다.

시크교도들에게는 시리 구루 그란트 사히브가 존재한다는 사실이 장소를 신성하게 만든다. 오늘날 많은 시크교 가정에는 이 성서를 위한 방이나 공간이 따로 마련되어 있다. 시크교 성서는 후대 구루들이 계속 더 발전시켰다.

5번째 구루인 구루 아르준은 암리차르에 황금 사원을 건설했다. 그가 종교 국가의 전통을 확립한 건 그곳에서 시민 문제를 심판하면서부터였다. 10번째 구루인 구루 고빈드 싱은 시크교도들에게 군사 훈련을 받도록 해서 신앙을 지킬 수 있도록 준비시켰다. 1708년 사망한 구루 고빈드 싱은 살아 있는 마지막 시크교 구루였다. 그는 칼사 또는 순수한 자들이라고 알려진 입문자들의 공동체를 만든 다음, 인간 구루의 계승을 끝내며, 후대 시크교도들에게 성서를 구루로 확정하는 선언을 했다.

칼사 형제단은 다섯 가지 K로 알려져 있다. 이는 케쉬^{Kesh}(자르지 않은 머리카락), 캉가^{Kangha}(순결의 상징으로써 나무 또는 상아 빗), 카라^{Kara}(결단력의 표시인 강철 팔찌), 키르판^{Kirpan}(약자를 보호하기 위한 칼), 카체라^{Kachera}(경계심을 상징하는 반바지)다. 입교 시 칼사 시크교도들은 새로운 이름을 부여받는다. 즉, 남성은 싱(사자)이 되고 여성은 카우르(공주)가 된다.

오늘날 인도인의 1.7%가 시크교도이며, 대부분은 편자브 지역에 거주한다. 그들은 공통된 문화뿐만 아니라 신은 하나이며 모든 사람은 평등하다는 신앙의 핵심으로 결속되어 있다. 성직자 제도나 조직적인 중앙 의사 결정의 개념을 거부하고, 지역 시크교 공동체들은 시리 구루 그란트 사히브를 기반으로 함께 결정을 내린다. 새로운 종파를 창설하거나 역사적이고 공동체적으로 유지되는 교리를 벗어나려는 시도는 2010년 초에 있었던 사건과 같이 지도자들을 비롯해 더 넓은 범위의 공동체들에 비난받는다.

힌두교의 카르마와 윤회에 대한 믿음은 시크교의 일부다. 그래서 화장이나 힌두교 경전 낭독과 같은 많은 힌두교의 생

암리차르의 하만디르 사히브(황금 사원)에 있는 시크교 순례자.

애에서 반복되는 의례 역시 시크교도들의 삶에서 일부가 된다. 이 종교의 혼합적인 성격 때문에 힌두교도와의 결혼은 흔한 일이다.

　시크교 사원, 즉 구루드와라(구루에게 이르는 문)는 맨 위에 시크교 깃발이 휘날리는 것으로 알아볼 수 있다. 이러한 모임 장소는 예배, 종교 교육, 지역사회 봉사를 위한 중심지가 된다. 안을 들여다보면, 남녀노소가 끝없이 음식이 제공되는 넓은 홀에서 식사하는 모습을 볼 수 있다. 구루 나낙은 힌두교의 카스트 제도에 반대하며, 공용 강가르(부엌)에서 식사를 함께

하는 신자들의 모임을 구성해 카스트 장벽을 허물었다.

【자이나교】

주로 마하라슈트라주와 라자스탄주에 거주하는 인도의 400만 자이나교도들은 24명의 지나(승리자)를 통해 자신들의 종교를 밝혀낸다. 마지막 지나인 바르다마다 혹은 마하비라(위대한 영웅)라고 불리는 이는 기원전 6세기에 비하르의 한 지배 가문에서 태어났다. 마하비라는 양심을 정화하고 존재의 의미를 찾기 위해 자신의 부를 내던지고 엄격한 진리 탐구를 시작했다. 그는 옷과 거처를 포기하고, 결국에는 수도회를 결성하여 금욕주의를 통해 순수와 깨달음을 얻도록 다른 사람들을 훈련했다고 전해진다. 오랜 세월 후, 자신의 목적을 달성했다는 것에 만족한 마하비라는 단식하며 생을 마감했다.

카르마는 자이나교의 기초가 된다. 영혼이 올바른 행동과 신앙 그리고 지식을 통해 정화된다고 믿는 자이나교도들은 금욕과 고행을 통해 세속적인 욕망을 정복하고 비폭력(아힘사)의 삶을 따른다. 자이나교 승려들과 독실한 신자들은 호흡하거나 걷는 동안 실수로 곤충을 죽이지 않도록 마스크로 코와 입을 가리고 작은 빗자루로 길을 청소한다. 활동하지 않는 것은 욕망과 행동을 정화하여 과거 행동의 영향력을 되돌리는 일이다. 자이나교도에게 예배와 다른 종교 의식은 존재에 초점을 맞추는 것이 아니라, 과거를 통해 카르마를 극복하고 자아를 소멸시키는 능력을 인식하는 것이다.

'하늘을 옷으로 입는' 자이나교도(디감바라)는 마히비라처럼 수도원 안에서 옷 없이 생활한다. 디감바라라고 주장하는 몇 안 되는 여성들은 반드시 옷을 입어야 한다. 사실상 남성들로만 구성된 이 종파에서는 여성은 진정한 수도자가 될 수 없으며, 남성으로 환생해야만 모크샤(해탈)에 이를 수 있다고 가르친다. '하얀 옷을 입는' 자이나교도(데라바시)는 흰 가운과 입을 가리는 천을 착용한다. 두 집단은 신학적 논쟁으로 인해 분열되었다.

가장 신성한 자이나교 성지는 기원전 981년에 조각되어 카르나타카주 벵갈루루 외곽 언덕에 서 있다. 12년마다 자이나교도들은 고마테슈바라, 혹은 바그완('주님' 또는 신) 바후발리라고 알려진 이 거대한 동상에 우유나 기(정제 버터), 사프란을 부어 바르기 위해 모인다. 자이나교도들은 이 거대한 동상의 주인공이 최초로 깨달음을 얻은 인간이라서 최초의 지나가 되었다고 믿는다.

【 조로아스터교 】

인도의 10만 명의 조로아스터교도 대부분은 마하라슈트라주의 뭄바이에 살고 있으며, 나머지는 10세기에 페르시아에서 온 첫 조로아스터교도가 도착한 구자라트주에 살고 있다.

'차라투스트라'라고도 불리는 조로아스터는 6세기 이전에 페르시아에서 이 종교를 창시한 것으로 여겨지지만, 새로운 학문 연구에 따르면 이는 기원전 1200년으로 거슬러 올라간다. 키루스 대왕 시대 때 그의 가르침은 기원전 6세기 페르시아 제국의 공식 국교가 되었다. 지혜의 주 아후라 마즈다를 환상으로 접하고 영감을 받은 조로아스터는 도덕적 선택과 개인적인 책임을 강조하는 형태의 종교를 가르쳤다. 선과 악의 우주적 갈등 속에서 각 개인은 두 상반된 힘 중 하나를 선택해야만 했다. 인간이 후마타(선한 생각), 후크타(선한 말), 후바르쉬타(선한 행동)를 따를 때 선이 승리한다. 인도의 조로아스터교도들을 파르시라고 부른다. 그들은 젠드 아베스타를 성서로 존중하며, 어디에나 존재하지만 보이지 않는 신인 아후라 마즈다를 불로 상징한다.

파르시는 '진정한 파르시'가 두 명의 파르시 부모에게서 태어난 사람이어야 하므로 그 수가 적다. 파르시들은 독특한 예복이 없으며, 사원도 거의 없다. 인도의 다른 종교 공동체들과 달리, 파르시들은 죽은 자가 독수리의 먹이가 되도록 '침묵의 탑'에 남겨 둔다. 이것이 마지막이자 최고의 선행, 즉 후바르쉬타다.

【 부족 종교 】

인도에는 8,400만 명(2011년 인구 조사에 따르면 6,800만 명)의 부족민들이 있다. 지난 200년 동안 인도 부족민들의 25%에서 60%가 기독교로 개종했다. 나머지는 다양한 형태의 애니미즘을 따른다. 힌두교의 일부 요소를 받아들이기도 하지만, 대부분의 부족 신앙은 힌두교의 전통적인 정의에서 벗어난다. 이 애니미즘 신봉자들은 수많은 신이나 영혼이 그들 사이에 살면서 세상을 통제한다고 믿으며, 제물과 동물 희생물, 의식과 주술을 통해 적대적인 영혼을 달랜다.

오리사와 뱅골의 산탈족은 모든 마을 외곽의 신성한 숲에 사는 영혼들의 계층 구조를 믿는다. 서인도의 큰 부족 중 하나인 빌족은 죽은 자가 사후 세계로 가는 여정에 동행한다고 여겨지는 점토 말을 만든다. 남인도 닐기리 언덕에 있는 작은 목축 공동체인 토다족의 전통 종교는 버팔로를 기반으로 한다.

신도들은 낙농 사원에서 예배를 드린다. 한때 사람 사냥꾼이었던 인도 북동부의 나가족은 족보를 전승하고 죽은 자를 달래는 것을 매우 중요하게 생각한다.

【 현대의 신들과 구루들 】

인도에서는 살아 있는 신들과 여신들을 멀리서 찾을 필요가 없다. 다양한 신들과 그 화신들에 대한 믿음, 신도들을 진리로 이끄는 구루의 개념을 가진 인도 문화는 마하리쉬 마헤시 요기, 바그완 라즈니쉬, 슈리 마, 사티아 사이 바바, 아마치와 같은 종교 종파들의 완벽한 토대가 된다. 이들은 20세기 후반에 국제적으로 대규모 추종자들을 얻었으며, 오늘날에도 여전히 많은 사람이 추종하고 있다.

이들과 같은 수백 명의 남성과 여성이 기적을 행하는 사람들로 추앙받으면 신의 화신으로도 경배받는다. 그들 일부는 단지 구루라고 주장하며, 따르는 사람들에게 길을 제시한다. 다른 이들은 신도들에게 신으로 숭배받으며, 신도들은 열정적으로 그들의 존재 안에서 기쁨과 치유, 목적을 찾도록 다른 사람들을 전도한다.

카르마와 운명

카르마는 명백히 힌두교의 교리이지만, 카르마적 사고나 운명론은 모든 인도인에게 영향을 미친다. 인도인들은 자신의 삶을 통제하는 외부의 힘, 즉 우주적이거나 신성한 힘이 있다고 믿는다.

죄인이 가는 곳이 곧 지옥이다.

– 말라얄람 속담

출생과 카스트에 의해 자신의 자리가 결정되고, 중요한 삶의 결정을 다른 사람들이 내리는 세계에서 '운명'은 위안이 될 수 있다. 사랑하는 사람의 비극적인 사고나 친구가 얻은 뜻밖의 재정적 횡재 후에 "그것이 그의 운명이었다"는 흔히 말하는 결론이다.

카르마는 사람이 지금 당장은 아니더라도 미래나 다음 생에 자신의 삶을 개선하기 위해 선행을 하도록 동기를 부여하기도 하지만, 책임을 회피하는 구실이 될 수도 있다. 좋지 않은 결혼 생활이나 나쁜 성격을 카르마 탓으로 돌릴 수 있으며, 또

카르마는 가난한 사람들을 '응당 받아야 할' 운명에 맡겨 두는 핑계로 사용될 수도 있다.

가족

가족은 인도의 모든 가치 중 가장 중요하고 뚜렷한 것 중 하나다. 인도에서 가족은 대가족을 의미한다. 같은 집에서 함께 살든, 전 세계에 흩어져 살든, 가족은 혈연이나 결혼으로 서로 연결된 전체적인 네트워크다.

<blockquote>
함께 노력하면 산도 옮길 수 있다.

<cite>- 말라얄람 속담</cite>
</blockquote>

대가족은 사회적 경계를 유지하고 정의하며, 개인과 독신 가족 단위가 문화적으로 규정된 규범 내에 머무르게 한다. 가족은 정체성을 형성하는 곳으로, 가치가 전승되고 실천되며 삶과 안녕을 의존하는 곳이다.

서구에서 높이 평가되는 개인주의, 자율성, 독립성은 전통적으로 인도인들이 소중히 여기는 모든 것과는 상반된다. 인도에는 '내 재산', '내 공간' 또는 '내 결정'과 같은 개념이 존재하지 않는다. 오히려 독립적으로 행동하는 개인은 이기적이라고 여겨진다. 일반적으로 반항적인 사람들은 공개적인 비난을 받거나 제3자 간의 소통(친척 A가 친척 B에게 말하고, 친척 B는 다시 친척 C에게 말하는 식으로 소식이 당사자에게 다시 돌아올 때까지 순환)을 통해 통제된다.

혼자서는 어떤 것도 이룰 수 없기 때문에, 관계와 사회적 책임이 가장 중요하다. 육아와 자녀 이름 짓기부터 시험 합격과 배우자 선택에 이르기까지 모든 일이 가족의 도움으로 이루어진다. 사업가들이 우리가 볼 때는 먼 친척이라고 여겨지는 사람의, 며칠 동안 진행되는 결혼식이나 종교 행사에 참석하기 위해 휴가를 내는 것은 드문 일이 아니다. 이러한 일들은 당연한 책임으로 여겨지며, 사람들은 유쾌하지 않더라도 참여해야 한다는 의무감을 느낀다. 인생의 중대사에 적극적으로 참여하는 것은 가족의 정체성과 소속감을 강화하고, 자신이 다른 사람들을 위한 것처럼 그들도 자신을 위해 함께하리라는 확신을 심어 준다.

수치와 명예

사람들이 경계를 벗어날 때, 이는 개인의 명예뿐 아니라 가족의 명예도 위험에 처하게 만든다. 명예는 카스트와 계급에 기반한 태생적 속성으로, 결혼을 통해 더해지거나 줄어들 수 있다. 그러나 사회적으로 규정된 경계와 문화적 가치 안에서 살지 못하면 모든 것이 무너지게 된다. 한 번의 잘못된 결정이나 통제할 수 없는 한 번의 충격적인 사건으로 모든 것을 잃을 수 있으며, 다시는 회복할 수 없는 것이다. 이것이 바로 가족과 공동체의 명예(이차트)를 무슨 일이 있어도 지켜야 하는 이유다.

> 빈랑 열매 하나 때문에 잃은 명예는
> 코끼리를 기부해도 되찾을 수 없다.
> – 칸나다 속담

부모, 교사, 친척, 종교 및 정부 당국, 심지어 낯선 사람들까지도 모두 가족과 공동체, 국가의 명예를 지키기 위해 주변 사람들의 삶에서 자신이 해야 할 역할을 알고 있다. 아이들은 공동체의 기대에 맞춰 행동해야 하며, 그렇지 않으면 조롱이나 신체적 처벌을 받는다는 것을 교육받는다. 다른 사람의 사례와 비교하는 것은 '올바른 행동'과 기대되는 결과가 무엇인지를 가르치는 일반적인 방법이다. 도덕적이든 행동적 혹은 학문적이든 실수와 잘못, 실패는 처벌받고 대중의 관점에서는 감춰진다. 명예가 그것에 달렸기 때문이다.

명예가 죽으면 다른 것들도 함께 죽는다. 가족은 따돌림을 당하고, 부모는 자녀에게 적합한 결혼 상대를 찾기 어려워지며, 비즈니스 및 사회적 관계가 단절될 수 있다. 극단적인 경우, 가족에게 수치심을 안겨 주거나 자녀나 배우자에게 수치를 당한 사람들은 자살을 강요받거나 실제로 자살하기도 한다.

【 젠더와 명예 】

여성에 대한 전통적인 사회적 태도는 인도 문화의 역성 중 하나다. 24페이지에 설명된 마누 법전은 여성이 남편이나 그의 가족과 별개로 존재할 수 없다고 명시한다. 하지만 여신들은 숭배될 뿐만 아니라 가장 두려운 신 중 하나다. 이와 마찬가지로, 여성들은 단상 위에 올려져 순수한 존재로 숭배받으며, 강력한 존재로서 두려움의 대상이 된다. 동시에 여성들은 소유물로 취급되며, 귀중한 소유물이기는 하지만 재산에 불과하다.

단상이든 소유물이든, 여성은 전체 가문을 몰락시킬 수 있는 힘을 지녔다. 남성은 가족의 명예를 지키는 수호자인데, 여기에는 아내와 어머니 그리고 자매의 명예가 포함된다. 그러나 여성은 자신의 행동뿐만 아니라 자녀와 남편의 행동에 대해서도 책임을 감당해야 한다. 만약 가족 중 누구라도 결점이 발견되면, 그 결과로 발생하는 불명예에 대해 여성이 비난받을 수 있다.

가족 내 전통적인 노동 분담은 남성 가족 구성원이 여성 가족 구성원을 보호하고 가족의 명예를 지키는 방법의 하나다. 이러한 방식은 양쪽 모두에게 이익이 된다. 남성은 아내나 딸이 공공장소에 나가야 할 필요가 없도록 식료품 쇼핑과 같은 가사를 맡는다. 그렇게 해서 인도에서 흔히 벌어지는 이브 티징eve-teasing(공공장소에서의 소녀와 여성에 대한 성희롱을 가리키는 인도식 표현)을 포함한 학대로부터 그들을 보호하고, 명예가 실추될 가능성을 줄일 수 있기 때문이다.

여성은 가정에서 가사 도우미를 감독하면서 자신의 명예와 가족의 명예를 높일 수 있다. 지위가 있는 여성들은 청소나 요리 또는 운전을 할 필요가 없다. 다른 사람들이 대신해 주기 때문이다. 서구에서는 기계가 가사를 돕지만, 인도는 그 누구도 혼자서는 아무것도 하지 않으며 대규모 공동체 내에서도 상호 의존이 모든 종류의 필요를 충족시키는 곳이다. 그러므로 하인은 한 가족의 위신을 세워 주고 나아가 더 많은 사람의 생계와 보호 수단이 된다. 사회 모든 계층에서 교육받고 능력 있는 여성들이 점점 더 많이 가정 밖에서 일하고 있지만, 전통적인 아내이자 어머니가 되어야 한다는 문화적 압력은 여전히 지속되고 있다.

1993년에 차별금지법이 통과된 이후 여성의 법적 권리는 향상되었다. 그리고 2010년 3월, 남성 중심의 의회 상원인 라자 사바가 전국 모든 입법 의석의 3분의 1을 여성에게 할당할 것을 압도적으로 표결하면서 양성평등을 향한 중요한 이정표가 세워졌다. 여성의 평균 수명이 1970년 49세에서 현재 70세 이상으로 급격히 증가하는 등 여성에게 영향을 미치는 다른 조건들도 개선의 징후가 나타나고 있다.

그러나 여성들과 소녀들을 보호하기 위한 새로운 법률과 다른 긍정적인 발전에도 불구하고, 직장과 공공장소, 가정에서의 여성에 대한 폭력은 증가하고 있다. 아내 구타는 흔한 관행이며, 2018년 유엔 인간개발보고서에 따르면 여성의 47%와 남성의 42%가 이를 정당하다고 생각하는 것으로 나타났다.

인도를 여행하거나 인도에 거주하는 외국인 여성은 인도 남성의 가장 좋은 면과 가장 나쁜 면을 모두 경험할 가능성이 높다. 몇 가지 실용적인 팁(233페이지 참조)을 배우면 자신에게 불필요한 위험을 피하고 명예를 지키는 데 도움이 될 수 있다. 인도인 가족에게 소속되어 아버지와 형제들의 보호를 받고, 어머니와 자매들에게 멘토링을 받는 것도 좋은 방법이다. 이는 많은 서구적 가치관과 일부 여성들의 자아감에 반하는 것이며 좌절감을 줄 수도 있지만, 동시에 깨달음을 줄 수도 있다.

순수와 관용

명예와 수치의 개념에는 순수라는 개념이 내포되어 있다. 위생적이지 않은 인도 거리를 걷다 보면 순수가 가치 있게 여겨진다는 것을 믿기 어려울 수 있다. 하지만 인도에서 순수하다는 것은 세균이 없는 상태를 의미하는 것이 아니다. 순수란 명예와 도덕, 카스트 또는 정체성을 오염시킬 수 있는 그 어떤 것, 또는 그 누구와도 분리되는 것을 의미한다.

인도는 관용으로 유명하다. 관용은 간디 시대부터 민주화와 세속화 과정의 필수적인 부분으로 장려되었지만, 서구에서 장려되는 관용과는 성격이 다르다. 여기서 관용은 차이점을 동등하게 선하고, 옳으며, 타당하다고 받아들이는 것을 뜻하지 않는다. 자신의 집단이 살아남기 위해 차이점을 감내해야만 한다는 것을 인정한다는 의미다. 실제로 미덕으로 여겨지는 것은 관용이 아니라 공존이다.

모든 마을과 도시에는 다양한 사람들이 함께 살고 일하지만, 내부자들에게 명확한 규정과 역할을 통해 개인적인 거리와 사회적 구별이 유지된다. 예를 들어, 개종과 다른 종교와의 결혼에 대한 가족과 사회의 금기는 종교와 가족 혈통의 순수성을 유지하기 위한 것이다. 인도인들은 자신과 연결된 사람들과 그렇지 않은 다른 모든 사람 사이의 차이를 자랑스럽게 생각한다. 고정관념은 경계를 설정하고 집단 정체성과 가치를 정의하는 데 도움이 된다. '우리'는 이렇고, '그들'은 저렇다. '우리'는 이렇게 하고, '그들'은 저렇게 한다. 이렇게 단순한 고정관념은 외국인들에게까지 확장되어 적용된다. 서구, 특히 미국의 영화와 TV 프로그램은 모든 서구인을 도덕과 종교 그리고 가족의 타락자로 보이게 하는 지울 수 없는 이미지를 만들어 냈다. 젊은이들 사이에서는 도시화, 교육, 세계화가 전통적인 인도 관습에 도전하면서 사회적 및 종교적 순수성이라는 개념으로 형성된 문화적 구조가 눈에 띄게 약화하고 있다.

환대, 관대함 그리고 상호주의

친구를 만났을 때 나누는 따뜻한 인사, 현관에서 반겨 주는 미소, 가게에 들어설 때 건네는 차이(차) 한 잔. 이 모든 것은 인도를 방문하는 사람들이 경험할 멋진 환대의 표시다.

낯선 사람에게 환대를 베푸는 것이 신을 섬기는 것이라는 믿음은 신성한 존재가 사람들과 함께하거나 사람들 안에 머문다는 생각에 그 뿌리를 두고 있다. 그래서 인도인들은 집에 들어오는 사람들에게 최선을 다해 대접한다. 경제적 상황이나 사회적 기대치를 모르는 외국인 방문객들은 자신들에게 평범해 보이는 것들을 제공하기 위해 희생한 모든 것과 그것이 얼마나 관대한 것인지를 이해하지 못하고 감사해 하지 않을 수 있다.

가난한 마을 사람은 갑작스러우나 중요한 손님에게 특별한 가족 행사를 위해 키우던 닭을 대접할 수도 있다. 해외 생활을 마치고 집으로 돌아온 남자는 부모님, 삼촌과 이모를 비롯해 대가족 구성원들, 수많은 가족과 친구들에게 호화로운 선물을 준다. 새로 사귄 친구가 당신의 갓난아기에게 금목걸이를 선물할 수도 있다. 구걸하는 사람에게 음식을 나누어 주든, 친구에게 상당한 돈을 빌려주든, 자원을 공유하는 것은 개인을 존재하게 할 뿐만 아니라 사회 질서를 확립하는 역할도 한다.

이러한 관대함의 전통은 과거의 지주-소작농 구조에 의해 형성되었다. 지주는 소작농에게 돈을 빌려주고 그 소작농은 땅을 경작하여 빚을 갚는 방식으로 지주들의 번영과 땅 없는 사람들의 생존이 보장되었다. 많은 경우, 빚이 너무 커져서 갚을 수 없게 되었기 때문에 부채를 짊어진 노동자들이 대대손손 세대에 걸쳐 지주 가문을 위해 일하게 되었다. 사회적으로 불평등한 관계가 상호 이익을 위해 맺게 된 이러한 관계 공식은 오늘날에도 인도의 마을과 사업, 가족 그리고 공동체에서 여전히 작동한다.

인도인들은 이런 암묵적인 규칙을 이해하지만, 방문객들은 이에 대해 거의 알 수가 없다. 많은 경우, 환대나 관대함의 이면에는 상호보답에 대한 기대가 있다. 당신이 출장에 간 동안 이웃이 집을 봐 주고, 당신은 병원에 있는 그의 할머니를 위한 식사를 가져다준다. 하인이 수년간 당신의 가족을 잘 섬기고,

당신은 그녀의 결혼 자금을 지원한다. 인도에서는 선물을 교환하는 경우가 거의 없지만, 인도인들은 마음속으로 균형감을 유지하면서 적절한 시기에 적절한 사람들에게 적절한 선물과 환대를 제공할 줄 안다.

인도의 연장 가능한 시간

IST는 공식적으로 '인도 표준시^{Indian Standard Time}'의 약자이지만, 지금은 '인도의 연장 가능한 시간^{Indian Stretchable Time}'이라는 익숙한 농담으로 변했다. 이는 시간 중심적인 문화에서 온 사람들에게는 그다지 재미있는 농담이 아니다. 힌디어에는 어제와 내일 모두를 동일하게 가리키는 단어인 '칼^{kal}'이 있다. 문맥이 차이를 만들며, 인도에서 중요한 것은 시계가 아니라 바로 그 맥락이다. 약간의 예외가 있기는 하지만, 인도인들은 사건 중심적이다. 일반적으로 직장에 지각하지 않으며 인도 기차 역시 정시에 출발한다. 따라서 그들은 시간 감각이 없는 것이 아니라, 시계보다 사람과 사건을 우선시하는 것이다. 인도인들에게 시간은 결코 사람에게는 '낭비'되지 않는다.

시간을 효율적으로 사용하고 가시적으로 생산적인 하루가 돈과 존경, 개인적인 만족을 의미하는 곳에서 온 사람들에게는 인도의 연장 가능한 시간 개념을 이해하기 어려울 수 있다. 인도에서는 다른 사람이나 다른 일로 급하게 넘어가지 않고, 상대방에게 대화나 업무를 완료할 수 있도록 충분한 시간을 주는 것이 존경의 표현이다. 차 한 잔을 두고 이야기를 나누는 동안 유대감이 유지되고 새로운 동맹이 형성된다.

모든 일이 생각한 것보다 오래 걸릴 수 있다는 점을 예상해야 한다. 고향에서는 30분이면 끝날 간단한 일이 인도에서는 오전 내내 걸릴 수 있다. 사람들이 약속 시간에 나타나지 않을 수 있고, 동료들이 프로젝트를 완료하기로 합의한 시간보다 더 오래 끌 수도 있다. 하루에 달성할 수 있는 일에 대한 기대치를 낮춤으로써 자기 자신과 다른 사람들에게 여유를 주도록 하자.

서두르는 사람 앞에는 항상 도랑이 있다.

- 펀자브 속담

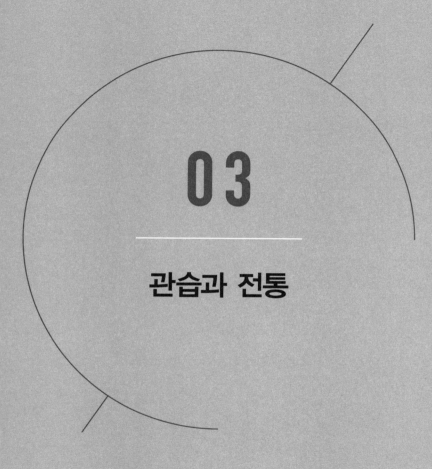

03

관습과 전통

신앙심 깊은 사람들로 가득한 인도에는 외부인들이 미신으로 여길 만한 수많은 이야기와 일상생활에 영향을 미치고 미래 사건을 예언하는 징조에 대한 믿음들로 가득하다. 이 중 많은 것들이 종교 이야기에서 비롯되었지만, 대부분은 종교 카스트, 하위문화적 경계를 넘어 공통되게 받아들여지고 있다. 많은 믿음과 관습이 저주에 대한 두려움과 관련이 있다.

공휴일

인도에는 종교적, 지역적 행사와 축제를 포함하여 수많은 휴일이 있다. 대부분의 휴일은 음력이나 점성술적으로 결정된 날짜에 따라 매년 달라진다.

은행 휴일은 일반적으로 공휴일이며, 이날은 기업들도 문을 닫는다. 인도에서 사업을 할 계획이라면, 정부와 다른 공공기관들이 문을 닫는 휴일 날짜를 미리 알아 두어야 한다. 또한 교통 차단이 있을 수 있는 행진에 대해서도 미리 문의하도록 하자.

【 주요 휴일 】

공화국의 날

1월 26일, 인도는 주권 국가가 된 공화국의 날을 맞아 전국이 하나가 된다. 이날은 뉴델리를 방문하기 좋은 날이다. 대통령상 수여식이 열리고, 모든 군대 지부, 각 주, 인도의 다양한 하위 문화들을 보여 주는 화려한 퍼레이드가 펼쳐진다.

독립기념일

1947년 영국 제국으로부터의 인도 독립을 기념하는 이날은 전 국적으로 큰 행사다. 8월 15일에는 학교와 기업들이 문을 닫고 국기 게양식에 참석하며 총리의 국정연설을 듣는다.

시바라트리

2월에는 특히 우타르프라데시주에서 힌두교도들이 시바라트리, 즉 '시바의 밤' 동안 금식을 하며 시바와 파르바티의 결혼을 기념한다.

홀리

'태우기'라고도 불리는 봄 축제다. 선이 악을 이긴 것을 기념하는 이 힌두교 축제의 특징은 악한 홀리카의 모형을 태우는 모닥불이다. 하지만 휴일의 의미는 '색깔 놀이'의 광란에 가려지게 된다. 홀리는 사회적 제약과 금기를 무시하는 날로 여겨진다. 이웃과 낯선 사람 모두에게 색색의 물통과 밝은색의 페인트 가루를 뿌린다. 무엇보다 시바 숭배의 중심지이자 합법적인 방bhang 상점들로 유명한 바라나시처럼 성대하게 홀리를 기념하는 곳은 없다. 방은 우유와 향신료를 섞은 갈아 만든 대마 잎으로, 홀리의 공식 음료이자 종종 일상에서 먹을 수 있는 간식 종류다.

라마단

라마단 한 달 동안, 12세 이상의 무슬림(임신한 여성과 노인 제외)은 해가 떠 있는 동안 음식과 음료를 삼가고, 죄악시되거나 이기적인 행동을 자제해야 한다. 해가 진 후에는 가족과 친구들이 모여 잔치를 벌이며, 이는 종종 이른 아침까지 이어진다. 이드 알피트르는 무함마드가 코란을 계시받은 것을 기념하는 이 한 달간의 축제에서 마지막을 장식한다.

디왈리(빛의 축제)

10월에 열리는 일주일간의 디왈리 축제 기간에는 밤새 폭죽이 터지므로, 그동안 잠을 잘 계획이라면 귀마개를 준비하는 게 좋다. 이를 기념하는 이유는 지역마다 다르지만, 전국적으로 화려한 조명을 설치하고 과자와 선물을 주는 풍습은 동일하다. 북인도에서는 라마가 악마 라바나를 물리치고 아내 시타와 함께 아요디야로 돌아온 것을 기념한다. 많은 힌두교도가 이 기간에는 부의 여신 락슈미가 자신의 집을 찾아올 수

힌두교, 시크교, 자이나교에서 기념하는 디왈리 축제에서는 작은 기름 램프들을 밝힌다.

있도록 불을 밝힌다. 자이나교도는 창시자 마하비라가 깨달음을 얻은 날을 기념한다. 벵골에서는 어둠의 여신 칼리를 숭배하는 칼리 푸자가 이 축제와 동시에 열린다.

【 축제와 행진 】

일부 축제는 연례행사가 아니다. 세계에서 가장 큰 축제는 쿰브 멜라다. 이 '불멸의 꿀 항아리 축제'는 3년마다 북인도의 네 곳, 즉 알라하바드와 하리드와르, 우자인 그리고 나시크 중 한 곳에서 열린다. 2013년에는 1억 명의 신자들이 알라하바드 외곽에 모여 144년마다 열리는 마하(위대한) 쿰브 멜라에 참가했다. 신자들은 세 강, 즉 갠지스강과 야무나강, 사라스와티강(신화 속의 강)이 만나는 곳에 발을 담그며 평생의 죄를 씻어 내기를 기도한다.

코끼리 머리를 한 가네샤부터 성모 마리아에 이르기까지 모든 신성한 이미지는 적어도 1년에 한 번씩은 거리 행진을 통해 볼 수 있는 것 같다. 이런 채색된 나무 형상들은 꽃과 옷으로 장식되어, 신자들이 들거나 황소 혹은 코끼리 위에 실려서 원래 숭배받던 장소에서 강으로 옮겨져 의식적인 목욕을 한다.

신성한 사건들은 예술과 음악, 춤을 통해 다시 살아나고 재현된다. 신화들은 '릴라'라는 연극으로 재현되는데, 이는 신들의 모습을 상징하는 분장한 아이들이 북인도의 거리를 행진하는 것이다. 구전들은 고전 무용수들의 섬세하고 우아한 움직임 속에서 다시 전해진다. 타밀나두주에서는 하얗게 칠한 거리의 악사들이 마치 무아지경에 빠진 듯 나팔을 불고 북을 두드린다. 서인도의 민속화인 파다는 천에 이야기를 묘사하여 지역 영웅들을 기린다. 이렇듯 인도의 다양한 축제와 의식은 매혹적이다.

반면에 이러한 행사들은 인도에서 사업을 하는 사람들에

크리슈나가 라다와 그녀의 시녀들과 춤을 추는 이야기를 묘사하는 라사 릴라 춤.

게는 좌절감을 줄 수 있다. 주요 공휴일이나 지역 축제 기간에는 사무실이 문을 닫거나 거의 일을 하지 않는다. 또한 도로는 행진과 군중으로 차단될 수 있으며, 사람들을 만날 수 없거나 약속을 잡는 게 불가능할 수도 있다. 그러나 이러한 불가피한 행사들을 기회로 활용할 방법이 있다. 이런 행사들이 개인적이고 문화적인 다리를 구축하는 계기가 될 수 있기 때문이다. 인도인들은 일반적으로 매우 친절하다. 사업상의 지인에게 축제 동안 그들의 가족과 함께할 수 있는지 물어보자. 적절한 선물(132페이지 참조)을 가져가고, 사업 이야기를 하지는 말자. 그들의 일상생활을 살펴보고, 그에 관련한 질문을 하자. 100번의 비즈니스 미팅보다 이런 날을 통해 더 많은 신뢰를 쌓을 수 있다고 확신한다.

행진과 릴라만이 갑작스러운 사업체 휴가나 도로 혼잡의 유일한 이유는 아니다. 정치 집회를 마주칠 수도 있다. 정치적 분위기가 뜨거워지면, 외부인은 언제 집회가 경찰 개입이 필요한 사건으로 변할지 항상 판단할 수 없다. 군중이 폭동을 일으키도록 선동되거나 경찰이 라티(곤봉)를 꺼내는 상황에서 거리에 있다면, 가장 가까운 상점으로 가서 상황이 모두 끝날 때까지 머물게 해 달라고 요청하자.

가족 행사

인도의 공동체들은 저마다 고유한 통과 의례가 있다. 대부분은 종교적 믿음에서 비롯되며, 일부는 특정 카스트에만 해당한다. 모든 의식은 개인뿐만 아니라 전체 공동체에 대한 중요성을 강조하는 방식으로 기념된다.

【출생】

아기는 태어나서 숨을 쉬는 순간부터 의식을 통해 가족, 공동체, 역사, 신성한 존재와 연결된다. 생애 주기 의식은 그 의식들을 수행하는 사람들만큼이나 다양하다.

일반적으로 여성은 임신 마지막 3개월 동안 친정으로 가서 아기가 태어나 한 달이 될 때까지 머무른다.

지난 50년 동안 유아 사망률은 많이 감소했지만, 역사적으로 높은 사망률은 출산 관련 전통들을 형성해 왔다. 어떤 경우, 아이는 건강하고 강해 보일 때까지 이름을 짓지 않고 두 살이 될 때까지 애칭으로 부르거나 단순히 '아기'라고 부르기도 한다.

이름은 공동체에 따라 다양한 방식으로 선택되며, 각 카스트와 문화 집단은 고유한 작명 방식을 가진다. 힌두교도들은 가장 길하고 운이 좋은 이름을 위해 점성가와 상의하기도 한다. 남인도 기독교도들은 서구식이나 성경에 나오는 이름을 선택할 수 있다. 타밀나두에서는 소년들이 아버지와 할아버지의 이름에 덧붙여 자신의 이름을 받는다. 케랄라에서는 자신의 가문을 나타내는 '하우스(집)' 또는 클랜(씨족)이 이름에 포함될 수 있다. 어느 공동체에서든 종교 영웅이나 신의 이름뿐 아니라 인도 영화배우의 이름을 딴 아이들을 흔하게 찾아볼 수 있다.

【 결혼 】

인도에서 결혼은 신성한 성례이자 사회적이나 정치적 동맹이 될 수 있다. 새로운 가정의 구성과 공동체의 강화는 매우 중요하기 때문에 부모들은 자녀에게 적합한 배우자를 찾기 위해 큰 노력을 기울인다. 그들은 대가족, 비즈니스 및 사회 네트워크 그리고 점성가나 이맘imam이라는 사제들을 통한 신성한 존

결혼식 날 저녁에 열리는 의식에서 신부의 손과 발에 헤나(멘디)로 그린 장식적인 문양.

재와의 연결을 활용한다.

인도에서 84%, 즉 대부분의 결혼은 여전히 '중매결혼'이다. 개인주의 문화권의 사람들에게는 이러한 관행이 불공평하고 심지어 학대의 형태로 보일 수 있다. 하지만 중매결혼이 '강제결혼'을 의미하지는 않는다. 이는 수천 년 동안 지속되어 온 시스템이며, 인도의 사회 시스템, 가치관과 불가분의 관계에 있다. 그러나 인도의 가치관이 변화함에 따라 사회적 관습도 변하고 있다. 결혼 적합성은 성격보다는 카스트, 계층, 교육 그리고 사회적 지위를 공유하는 데 더 중점을 둔다.

전통적으로 젊은이들은 결혼할 때까지 부모와 함께 살며 부모의 책임하에 지낸다. 부모는 자녀의 모든 인생 결정을 감독하는 주요한 역할을 한다. 자녀들은 가족의 사회적 지위나 적합한 배우자를 찾는 데 부적절하다고 여겨지는 직업을 추구하는 것을 강력히 만류당한다. 인도의 좋은 부모는 자녀에게 가능한 최고의 삶을 주기 위해 필요하다고 여겨지는 모든 것을 할 것이다.

점점 더 많은, 특히 도시나 해외에서 거주하고 일하는 젊은 이들이 자유롭게 데이트하고 사랑에 빠지게 되었다. 경우에 따라, 이는 가족의 기대와 사회적 관습 때문에 비밀로 유지되기도 한다. 잠재적인 배우자가 적절한 배경을 가지고 있다면, 해당 커플은 부모에게 결혼을 '주선'해 달라고 요청할 수도 있다. 하지만 많은 발리우드(뭄바이의 옛 이름 '봄베이'와 '할리우드'의 합성어로, 인도 영화 산업을 뜻한다-옮긴이) 영화가 가족의 반대로 비극으로 변한 사랑 이야기를 전제로 만들어진다. 현실은 5% 미만의 인도 여성만이 남편을 자유롭게 선택할 수 있다.

결혼 적령기의 자녀와 부모는 잠재적인 배우자의 범위를 넓히기 위해 인터넷을 사용할 수도 있다. 커플은 가상으로 상호작용할 기회를 가지며, 개인과 가족의 미덕을 유지하는 동시에 결혼 결정에 더 많이 참여할 수 있다.

이런 결정에 있어 종교는 보통 다른 모든 것보다 우선시된다. 자신의 종교 밖에서 결혼하는 것은 부모, 가족 그리고 자신의 존재 자체를 거부하는 것이며, 같은 이유로 다른 종교로 개종하는 것도 강력한 반대에 부딪힌다. 두 경우 모두 관련된 모든 사람에게 명예와 기회를 잃게 한다.

1961년 이후 불법이 되었음에도, 지참금은 여전히 인도 결혼의 근본적인 부분으로 남아 있다. 이는 최근까지 여성이 상속받을 수 없었던 사회에서 여성이 가족 재산을 공유하는 방법이 되었다. 그러나 돈과 선물은 신부에게 전해지지 않고 신랑의 부모에게 주어지는 경우가 훨씬 더 많다. 여성의 가족은 더 교육받았거나 부유한 신랑과의 결혼을 통해 명성을 살 수도 있다. 이 전통에는 어두운 면도 있다. 신부가 '주방 화재 Kitchen fire'나 '자살'의 희생양이 되는 지참금 사망 사건은 인도에서 거의 매시간 발생한다. 지참금이 충분하지 않다고 판단한 시어머니나 남편이 신부에게 '우연히' 등유를 끼얹고 불을 붙이는 것이다. 하지만 대부분의 인도 커플에게 지참금은 단순히 평생의 좋은 동반자를 얻는 한 측면에 불과하다.

아동 결혼은 영국 행정부가 결혼의 법적 최소 나이는 12세라고 정한 1929년부터 인도에서 불법이 되었다. 1978년에는 여성은 18세, 남성은 21세로 나이가 변경되었다. 하지만 2,000년 동안 일부 지역사회의 인도인들은 어린 소녀들을 결혼시켰다. 라자스탄의 전사 계급인 라지푸트족은 초반에 침략자들에게 납치되는 것을 막기 위해 어린 딸들을 결혼시켰다. 현재 자녀를 결혼시키는 사람들은 조혼이 소녀들의 순결을 지켜 주고 불필요한 독립을 막는다고 주장한다. 오늘날 이는 주로 가난한 사람들의 관행이다. 어린 소녀는 적은 지참금만 있어도 되며, 먹여 살릴 입을 하나 줄이는 의미도 된다. 이러한 결혼은 정부에 등록되지 않기 때문에 통계는 확실하지 않다. 18세 이

하 소녀들의 결혼이 감소하고 있음에도 불구하고, 여전히 인도 소녀의 27%가 18세 생일이 되기 전에 결혼한다.

결혼식과 의식은 종교와 종파, 카스트, 지역에 따라 다르다. 결혼의 중요성과 명성을 증명해야 할 필요성 때문에 가족들은 결혼식에 엄청난 돈을 지출하며, 종종 빚을 지기도 한다.

【 힌두교 결혼식 】

북인도에서는 신랑이 왕처럼 차려입고 흰말을 탄 모습을 볼 수 있다. 신랑과 함께 어린 소년이 앉아 있을 수도 있는데, 소년은 첫째 아들의 탄생을 보장하는 행운의 부적으로 여겨진다. 견장이 달린 붉은 제복을 입고 술 장식이 달린 페즈 모자를 쓴 신랑의 결혼식 행렬은 밴드에 둘러싸인 채, 기다리는 신부를 향해 춤을 추며 나아간다.

도시에서는 흔하지 않지만, 신랑과 신부가 결혼식 장소에서 처음 만날 때 신부 가족이 신랑 가족을 맞이하며 이마에 붉은 가루를 바르는 경우도 있다. 두 사람은 화환을 교환하고 첫 번째 서약을 한다. 붉은 사리를 입고 아름다운 보석으로 꾸미고, 손에는 정교한 헤나 장식을 한 신부가 의례적인 말들과 예식 선물과 함께 신랑 가족에게 넘겨진다. 그러면 이제 신부는

힌두교 신혼부부.

신랑 가족의 소유가 된다. 커플이 함께하는 인생 여정을 상징하는 신성한 불 주위를 걸을 때, 사제가 신성한 만트라를 낭송하고 추가 서약이 이루어진다. 결혼식 동안 신랑과 신부는 문자 그대로 '매듭을 묶는다'. 끈으로 손이 묶인 두 사람은 이제 '하나'가 되어 가족 어른들과 사제로부터 축복을 받는다.

결혼식 순서 중, 신랑은 신부의 이마에 주홍색 점을 찍는다. 그날부터 결혼한 힌두교 여성들은 전형적으로 붉은 점이나 마크(빈디)를 찍는다. 빈디 스타일은 지역마다 다르다. 힌두교도가 아니거나 미혼인 경우에도 빈디를 할 수 있지만 그들에게는 대부분 순전히 장식적인 의미다.

【 이슬람 결혼식 】

인도 무슬림들은 이슬람의 결혼 요건과 인도의 전통을 결합
한다. 결혼식 전날, 신부와 신랑 가족 측 여성들이 신부의 집
에 도착해 전통 노래를 부르고 신부의 아름다움을 드러내기
위한 의식이 포함된 축제에 참여한다. 강황 반죽은 신부의 붉
어진 얼굴을 빛나게 하고, 손과 발에 있는 헤나 장식은 신부의
붉은 사리와 어우러진다. 신랑이 결혼식 장소로 가는 길에는
보통 밴드가 앞장서서 행진한다. 이맘이나 알림(사제)이 짧은
설교를 하고 코란에서 몇 수라(구절)를 암송하고 나면, 신랑이
신부에게 공식적인 청혼을 해야 하며, 결혼이 성사되려면 신부
가 이를 수락해야 한다. 상호 합의 외에는 이슬람교에서 요구
하는 특별한 종교 의식은 없다. 가족 간의 합의된 선물이 교환
된 후, 해당 부부와 양가 아버지들 그리고 이맘이 결혼 계약서
에 서명한다.

이슬람교에서는 신랑이 결혼식 때 신부에게 메흐르라는 선
물을 주어야 하지만, 인도에서는 종종 신부 가족이 신랑 가족
에게 지참금을 주는 관행이 있다. 신랑과 신부는 어른들의 축

복을 받고 결혼 피로연에 앉지만, 함께 앉지는 않는다. 전통적으로 신랑과 신부는 따로 앉으며, 결혼 피로연이 끝난 후에야 처음으로 서로를 마주한다. 신랑의 누이가 신랑에게 탈리(결혼 목걸이)를 건네주면, 신랑은 그것을 신부의 목에 걸어 준다. 탈리 또는 망갈수트라(힌두교의 경우)는 원래 힌두교 의식이었지만, 인도 전역에서 기혼 여성임을 나타내는 중요한 표시가 되었다. 신부는 이제 신랑 가족의 일원이 되어 자기 가족과 눈물로 작별 인사를 한다. 신부가 새로운 집에 들어갈 때, 시어머니는 신부의 머리 위에 코란을 얹는다.

【 기독교 결혼식 】

인도의 기독교 결혼식에서도 많은 유사한 관습이 나타난다. 약혼식은 결혼식 일주일 전이나 하루 전에 열릴 수 있다. 교회 예식은 양가에서 온 수백 명 또는 수천 명의 하객이 참석하는 며칠간의 축하 행사 중 일부분일 뿐이다. 신부는 흰색 옷을 입고 아버지와 함께 통로를 걸어 들어온다. 예식 중에 신랑과 신부가 반지와 화환을 교환하는 것과 함께 신부는 새 가족으로부터 옷을 받아 피로연에서 입는다. 또한 탈리를 묶는 의식도 진행된다.

【 순례 】

순례는 인도인들의 삶에서 자연스러운 부분인 동시에 큰 사업으로 발전했다. 전 세계의 외국인들이 순례하는 것을 보거나 순례에 참여하기 위해 찾아온다. 힌두교 순례지들이 대부분을 차지하기는 하지만, 인도의 모든 종교에는 그에 상응하는 순례지가 있으며 수천 개의 성지가 있다. 일상에서 벗어나 영적인 의미와 힘이 가득한 장소로 이동하면서 순례자들은 자신이 선택한 신에게 가까이 다가가 은총을 구한다.

바라나시는 힌두교도들에게 무슬림들의 메카와 같은 곳이다. 매일 수백만 명의 신자들이 그곳을 방문한다. 많은 이들이 그곳에서 자신의 마지막 날을 보내고 싶어 하는데, 그 도시 내에서 죽어 화장되면 구원을 얻는다고 믿기 때문이다.

서고츠산맥 해발 1,219m 높이에 있는 케랄라의 아야파 사원으로 향하는 순례의 여정에는 41일간의 참회 기간이 포함된다. 순례자들은 산을 오르기 전에 고기와 술, 성생활을 삼가고, '스와미예 사라남 아야파(오, 아야파 신이여, 저는 당신께 피난처를 구하러 왔습니다)'라는 성가를 읊조린다. 가임기 여성이나 최근에 이발이나 면도를 한 남성은 사원에 들어가는 것이 금지된다. 순례자들은 특수 배낭 안에 아야파에게 푸자를 올리기 위

• 신의 축복 •

힌두교 축제에는 신에게 바쳐지는 음식인 프라사드가 빠지지 않는다. 일반적으로 달콤한 음식인 프라사드가 주어지면, 오른손으로 받아 즉시 입에 넣는 것이 예의다. 프라사드에는 이 음식을 바쳤던 신의 힘이나 축복이 깃들어 있다고 믿어진다. 다른 신앙을 가진 인도인들에게는 그들의 종교를 존중하는 의미로 프라사드를 권하지 않는다. 즉 프라사드가 자신의 신념에 반한다면 먹지 않아도 된다. 겸손하고 존중하는 태도로 프라사드를 거절한다면, 누구의 기분도 상하게 하지 않을 것이다. 오히려 자신만의 신앙 방식을 지키는 것으로 존중받을 수 있다.

한 용품들, 긴 여행을 가능하게 해 줄 특정 음식과 작은 담요를 담아 가져간다.

9월의 아홉 날 동안, 수만 명의 순례자들이 안드라프라데시 주의 티루파티에 있는 벤카테스와라, 즉 로드 오브 세븐 힐즈 사원으로 향한다. 순례자들은 신의 모습을 잠깐 보고 캄포나무를 어루만지거나 최근에 자른 머리카락을 바치기 위해 몇 시간 동안 줄을 서서 기다린다. 신을 깨우고 잠재우는 것을 포함한 일일 의식은 일정 금액을 지급하고 신자의 이름으로 행해질 수 있다. 티루파티 티루말라 발라지 사원은 바티칸 다음으로 세계에서 가장 부유한 종교 유적지 중 하나다.

'동양의 루드느'는 타밀나두의 벨란카니에서 찾을 수 있다. 9월에 열흘간 열리는 축제 동안, 가톨릭 신자들을 비롯한 많은 사람이 기적을 찾아 인도에서 가장 인기 있는 이 성지로 온다. 16세기 이래로 사람들은 아기에게 줄 우유를 구하고, 절름발이를 치유하며, 그녀의 이름으로 예배당을 지어 달라고 요청하는 벨란카니 성모의 발현을 목격했다고 보고해 왔다. 그곳에서 수백 건의 치유가 일어났기 때문에, 이 성모의 발현은 아로키아 마타, 즉 건강의 어머니라고 불린다.

【죽음】

인도에서는 매일 2만 7,000명이 사망하기 때문에, 죽음과 관련된 의식은 흔한 광경이다.

힌두교 의식

시신을 씻기고 옷을 입히고 꽃으로 덮어서 화장터로 옮긴다. 유아와 어린아이들은 땅에 묻거나 완전히 천으로 싸서 성스러운 강에 떠워 보내기도 하지만, 힌두교도들은 일반적으로 시신을 화장한다.

여성들은 집에서 애도한다. 남성 친척과 친구들만이 화장 터 주위에 모이며, 사제들이 마지막 의식을 행하고 장남이 죽은 이의 영혼을 해방해 줄 불을 붙인다. 시신이 다 타고 적절한 의식이 끝나면, 남은 뼛조각과 재는 강에 뿌려진다.

유족들은 며칠 동안은 의례적으로 '오염된' 상태이기 때문에, 가족 사당에서 푸자를 행하거나 종교 행사에 참여하거나 다른 사람의 집을 방문할 수 없다. 고인의 사진들은 집 안에

이슬람교도의 장례 행렬.

진열되고 화환으로 장식되며, 사랑했던 사람의 영혼에는 작은
접시에 음식을 담아 바친다. 추모식은 첫 주 내내, 또 31일째와
첫 번째 기일에 진행된다. 누구든 직계 가족이 사망한 후 1년
이내에 결혼하는 것은 불경스러운 일로 여겨진다.

남편을 떠나보낸 아내는 전통적으로 흰색 옷을 입고 있으
며, 재혼할 수 없다. 과거는 물론 오늘날 일부 외딴 지역에서
는, 여전히 이 생과 다음 생에서도 남편과 묶여 있는 힌두교도
아내가 남편의 장례식 화장터에 몸을 던지기도 한다.

무슬림 의식

이슬람교도들은 시신을 깨끗이 하는 의식 후에 바로 매장해
야 한다고 믿는다. 무슬림 여성들은 장례식에 참석할 수 없다.
남성 친척들이 관을 들어 조심스럽게 싼 시신을 묘지로 운반
한다. 고인은 심판의 날에 부활할 것을 대비해 메카의 카바를
향해 땅에 묻힌다. 남성 조문객들은 코란을 낭독하며 흙을 무
덤에 던진다. 묘비는 무덤 근처에 있어서는 안 된다. 추모 연회
는 40일, 4개월, 6개월, 9개월 그리고 첫 번째 기일에 열린다.

기독교 의식

가족들은 사랑하는 사람의 죽음을 애도하거나 슬픔에 잠긴 사람들을 위로하기 위해 가까이에서는 물론 먼 곳에서부터 찾아온다. 시신은 가족과 마을 사람들, 기독교 장례식을 거행하는 사제나 목사와 함께 관이나 가마에 실려 교회 묘지로 옮겨진다. 유족들은 기독교 기념일과 다른 중요한 날에 묘지를 방문한다. 그리고 사망한 날을 기리면서 1년 동안의 애도 기간에는 결혼을 삼간다.

미신과 징조

신앙심 깊은 사람들로 가득한 인도에는 외부인들이 미신으로 여길 만한 수많은 이야기와 일상생활에 영향을 미치고 미래 사건을 예언하는 징조에 대한 믿음들로 가득하다. 이 중 많은 것들이 종교 이야기에서 비롯되었지만, 대부분은 종교 카스트, 하위문화적 경계를 넘어 공통되게 받아들여지고 있다. 많은 믿음과 관습이 저주에 대한 두려움과 관련이 있다.

【 몇 가지 전통적인 미신 】

- 까마귀가 집 위로 날아가는 것을 보는 것은 나쁜 징조다. 까마귀가 우는 것은 손님의 도착을 알리는 신호다. 공작새를 보는 것은 행운이고, 공작새 소리를 듣는 것은 불운이다. 올빼미는 비극에 대비하라는 경고다.

- 결혼에 대한 꿈은 행운이며, 죽음에 대한 꿈은 불운이다. 꿈에는 의미가 있으며, 특히 돌아가신 조상이 메시지를 주는 꿈을 꾸었다면 주의를 기울여야 한다.

- 눈이 가려운 것은 누군가 당신을 질투하고 해를 끼치려고 계획하고 있다는 것을 나타낼 수 있다. 질투는 인도에서 끊임없는 걱정거리이므로, 이 위험한 파괴자에게서 자신을 보호하기 위한 특별한 조처를 한다. 손목에 부적이나 장식을 착용하는 것, 벽에 파티마의 손을 그리는 것 또는 금식 기도를 하는 것은 '악의 눈'을 막아 준다고 믿어진다.

- 결혼이나 장거리 여행, 또는 건물을 새로 짓는 것 등을 계획할 때는 요일과 특정 날짜가 중요하다. 힌두교도들은 중요한 계획을 세우기에 앞서 점성가와 상담한다.

- 집에서 침대에 머리를 두는 방향이 미래의 행복을 결정할 수 있다. 집 밖에 있는 툴시(바질)나무는 행운을 가져다준다.

- 신부는 처음으로 남편의 집에 들어갈 때 오른발을 먼저 디뎌야 하며, 그렇지 않으면 불운이 닥치게 된다.
- 결혼식에 초대받는다면, 칼(관계를 '끊는' 것)이나 잘린 꽃(죽은 물건, 죽은 자에게 적합한 것)을 주어서는 안 된다. 현금은 항상 무난하지만, 홀수로 주어야 한다. 문화적으로 적절한 방식, 즉 단일 지폐로 현금을 선물하면 부부에게 놀라움을 선사할 수 있을 것이다.

옷이 사람을 만든다

인도의 남성 대부분은 서양식 셔츠와 바지를 입는다. 독립운동 시기에 간디는 손으로 짠 면직물인 카디를 대중화했다. 오늘날에도 카디 쿠르타(인도 스타일 셔츠)는 여전히 정치인들의 선택을 받는다. 대개 도티와 함께 입는데, 도티는 흰색 직사각형 천을 헐렁한 바지 형태로 감싸 입는 형태다. 도티는 일상적으로 많이 입곤 했는데, 지금도 많은 마을에서 입지만 오늘날 인도의 대부분 지역에서는 특별한 행사에만 입는다. 남부에서는 남성들이 무늬가 있는 면으로 된 사롱인 룽기를 집에서 입으며, 일부 노동자들은 공공장소에서 입기도 한다.

여성들에게는 여전히 우아하고 화려한 사리와 긴 바지와 긴 튜닉 상의로 된 실용적인 샬와르 카미즈가 전형적인 복장이다. 그 외에 여성복들은 지역에 따라 다양하며, 대개 나이나 삶의 단계에 따른다. 오늘날 젊은 여성들은 종종 청바지에 인도 스타일의 상의를 입는다.

우리가 힌디어 영화를 보면서도 잘 알 수 없지만, 사실 단정함이 중요하다. 여성들은 사리를 입을 때조차 너무 많은 피부를 노출해서는 안 된다. 두파타(스카프)와 팔루(사리의 끝부분)는 전통적으로 남성의 시선으로부터 머리와 어깨, 가슴 그리고 복부를 가리는 데 사용된다. 심지어 단정하게 차려입은 여성들도 눈빛으로 남성을 유혹한다는 비난을 받을 수 있다. 공공장소에서 오해를 피하려면 여성은 남성의 눈을 똑바로 쳐다보거나 의도적으로 남성을 만져서는 안 된다. 겸손함과 눈에 띄지 않는 행동은 인도 사회에서 '좋은' 평가를 받게 해 준다.

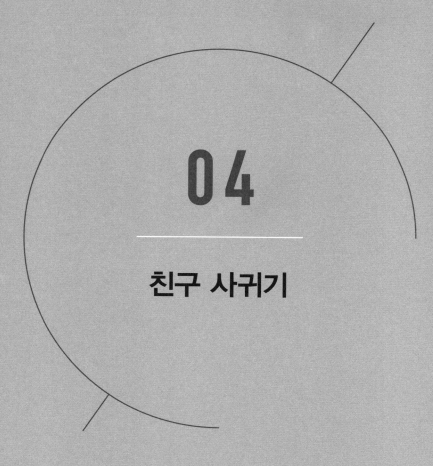

04

친구 사귀기

인도인들은 애정이 많고 표현이 풍부하며, 깊은 충성심과 소속감을 느끼는 경향이 있다. 인도인이 당신을 친구로 여긴다면, 당신은 기쁨과 책임감을 동시에 가져다줄 관계, 즉 관계의 네트워크에 들어선 것이다. 왜냐하면 인도의 우정은 서양인들이 결코 예상하지 못하는 기대감을 품고 있기 때문이다.

우정

인도인에게 우정은 단순히 아는 사람이 아니라 평생 이어지는 애착을 의미한다. 어린 시절 친구, 학교 동창, 대학 룸메이트는 평생의 동반자이자 소속감을 주고 관계적으로나 직업적으로 기회를 제공한다.

인도인들은 애정이 많고 표현이 풍부하며, 깊은 충성심과 소속감을 느끼는 경향이 있다. 사람들은 친구가 필요로 하는 것을 충족시키고, 어려움을 겪을 때 함께하면서 적극적으로 도와주기 위해 최선을 다한다. 심지어 서로를 위해 목숨과 생계를 거는 위험도 마다하지 않는 사람들도 많다. 인도인이 당신을 친구로 여긴다면, 당신은 기쁨과 책임감을 동시에 가져다 줄 관계, 즉 관계의 네트워크에 들어선 것이다. 왜냐하면 인도의 우정은 서양인들이 결코 예상하지 못하는 기대감을 품고 있기 때문이다.

개인주의적이거나 업무 중심적인 사회에서는 몇 주 또는 몇 달 후에 친구에게 연락을 해도 예전처럼 관계를 이어 갈 수 있으리라고 기대한다. 하지만 인도에서는 오랜 침묵이나 자주 찾아오지 않는 것은 감정을 상하게 하고 관계를 손상시킬 수 있다. 친구는 곧 '가족'이며, 더 높은 수준의 헌신을 해야 한다.

【 외국인과의 우정 】

인도에서 친구를 사귀는 것은 어렵지 않다. 인도인들은 외국 방문객들에게 호기심을 느끼고 아주 기꺼이 대화를 나누려고 할 것이다. 더위를 피해 가게에 들어서면 상인들은 차이(차)나 차가운 음료를 권한다. 거리에서 길을 잃은 것처럼 보이면 지나가던 사람들이 도움을 준다. 기차에서 동승객들은 즐거운 마음으로 자신들의 음식을 나눠 줄 것이다(미소를 지으며, "너무 매울 수도 있어요"라는 경고와 함께). 학생들을 비롯한 어떤 사람들은 영어를 연습하고 싶어 할 수 있다. 영어를 폭넓게 사용하는 것은 초반에 친구 사귀기를 더 쉽게 만들어 줄 것이다.

인도의 신체 언어와 사회적 신호 그리고 기대되는 행동은 서구와 매우 다르기 때문에, 처음 방문하는 서양인들은 누가 진정한 친구가 될 가능성이 있는지, 누가 단순히 개인적인 이익을 위해 친구가 되려고 하는지 분간하기 어려울 수 있다. 이는 미국인과 유럽인에게 끊임없는 긴장감을 준다. 그들은 인맥이나 현금 선물, 심지어 결혼을 통해 부유함과 새로운 기회로 나아가게 해 줄 힘을 가진다고 여기기 때문이다. 특히 진정한 친구란 경제적으로나 사회적, 감정적으로 자원을 공유하고 도움과 지원을 제공할 것으로 기대되기 때문에 더욱 까다로운 문제다. 친구 사이에서는 재정적 도움에 대한 필요를 은근히 드러내거나 사업적 연결을 직접적으로 요청하는 것이 완전히 용인된다. 그렇다면 진정한 친구가 누구인지 어떻게 알 수 있을까? 바로 도움이 필요한 상황에 처했을 때 알게 될 것이다. 인도 친구들은 당신을 겸허하게 만들고 놀랍게 하는 방식으로 당신 곁에 있어 줄 것이다.

대화 나누기

【대화 시작하기】

인도에서 인사는 존중을 주고받는 문제다. 하지만 22개의 공용어와 무수한 하위문화를 가진 나라에서 어떻게 사람들에게 존경심을 담아 인사할 수 있을까? 걱정하지 않아도 된다. 아마도 당신이 방문객이라는 사실은 첫눈에 봐도 분명할 것이고, 아무도 당신이 인도의 모든 방식을 알고 있으리라고 기대하지 않을 것이다. 인도인들을 놀라게 해 보자. 몇 가지 유용한 문구(264페이지 참조)를 배우고, 당신과 비슷한 나이대와 같은 성별의 인도인들이 다른 사람들에게 어떻게 인사하는지를 관찰하면 된다.

영어를 사용하든 아니면 새로 배운 현지어를 사용하든, 동네 사람들에게 자신을 소개해라. 시장이나 심부름을 갈 때, 집주인이나 새로운 친구에게 동행해 달라고 부탁하거나 어디든 함께 가자고 해 보자. 불쑥 동료를 찾아가 새로운 환경을 이해하는 데 도움을 받고 싶다고 말하는 것도 좋다.

【 대화 주제 】

인도 어디를 가든 사람들은 똑같은 질문을 할 것이다. 이름이 무엇인가요? 어디에서 왔나요? 무슨 일을 하나요? 언제 집으로 돌아가나요?(장기 체류자에게는 마지막 질문이 불쾌하게 느껴질 수도 있다. 하지만 기분 나쁘게 받아들이지 말자. 이 질문은 아마도 가족, 공동체와 함께하는 것이 중요하다는 관점에서 나왔을 것이다.) 특히 인도에 살고 있다면, 자신과 가족에 대한 간략한 설명을 준비해 두는 것이 좋다. 스스로 느끼기에 부적절하다고 생각하는 정보들, 혹은 인도인들에게 적합하지 않은 정보는 피하면서 필수적인 내용을 다루는 것이 좋다. 예를 들어, 많은 인도인이 수입을 포함한 돈 문제를 거리낌 없이 물어볼 수 있다. 그런 주제들이 당황스럽다면, 모호한 답변을 준비해 두자.

인도에서는 개인적인 것으로 여겨지는 많은 주제가 공공연하게 다뤄진다. 인도인들은 정치에 관해 이야기하는 것을 주저하지 않는다. 그들은 상대방 나라의 정책(그들이 이미 잘 아는)뿐만 아니라 인도 정치와 세계 문제에 대한 의견을 물어 올 것이다. 또한 자녀 양육 방식과 복장(특히 외국 여성이 사리나 샬와르 카미즈를 입었을 경우), 외모에 대해 언급할 것이다. 자신들의 자녀가 이룬 학업 성취에 대한 정보를 자유롭게 공유하고, 상대방 자녀의 교육과 적성에 대해서도 듣고 싶어 할 것이다. 만약 당신이 25세 이상의 미혼이라면, 결혼하지 않은 이유에 관해 묻고 적합한 배우자를 찾는 방법을 두고 조언할 것이다. 인도에서 오랫동안 거주할 계획이 있는 여성이라면, 가족 전체에 관한 질문과 왜 가족을 떠났는지에 대한 질문에 대비해 두어야 한다. 많은 인도 남성이 교육이나 재정적인 이유로 해외에 거주하지만, 인도 여성이 미혼이거나 동반자 없는 상태로 그러는 것은 드물다. 당신의 이유가 새로운 인도 친구들에게는 이해가 되지 않을 수 있다. 사람들이 당신을 이해하게 하려고 너무 많은 에너지를 쏟지 않도록 하자. 그들은 당신을 이해할 수 없다.

그래도 시간이 지나면 당신을 사랑하고 신뢰하는 법을 배울 수 있다.

【금기】

인도인들은 일반적으로 성적인 문제를 이야기하지 않는다. 데이트, 남자 친구나 여자 친구, 결혼 또는 가족 문제, 자녀의 나쁜 행동이나 학업 부진 등도 마찬가지다. 만약 인도인이 이런 주제에 대해 질문하거나, 그의 성생활이나 결혼 문제에 대해 당신이 원치 않는 정보를 말하려고 한다면, 이는 문화적으로 용납될 수 없다는 것을 확실히 알아 두자. 이럴 때는 대화를 끝내는 것이 좋다. 또한 인도는 다양한 신념이 존재하기 때문에, 사회적인 자리에서 종교를 대화 주제로 삼는 것은 피하는 것이 좋다.

【 네(Yes)와 아니오(No) 】

많은 인도 문화와 마찬가지로, '네'와 '아니오'의 사용은 방문객들을 혼란스럽게 할 수 있다. 하지만 인도인들은 정확히 무슨 말을 하는지 이해한다.

'네'는 사람들을 함께 묶는 끈이다. 인도인들은 관계와 명예를 유지하기 위해 '네'라고 답할 것이다. 요청을 거절하거나 도움이 되는 답변을 모르는 것은 부끄러운 일이 된다. 일반적으로 인도인들은 가족이나 공동체 혹은 손님이 필요로 하는 것을 충족해 주기 위해 자신이 하던 일이 무엇이든 그것을 중단할 것이며, 역으로 가는 길을 알려 달라고 하든 거기까지 데려다 달라고 하든 대개 '네'라고 대답할 것이다. 만약 정보나 설명이 중요하다면 한 사람 이상에게 물어보는 것을 잊지 말자. 인도인들은 항상 그렇게 한다. '네'가 무엇을 의미하는지 알기 때문이다.

알아 두어야 할 중요한 문구 하나는 '노력해 보겠습니다'라는 말이다. 누군가를 행사나 파티에 초대하거나 특정한 도움을 요청했을 때, 상대방이 '노력해 보겠습니다'라고 답한다면, 이는 거절의 의미다. 그들은 당신과의 우정을 소중히 여겨서 직접적인 거절로 당신을 불쾌하고 만들고 싶지 않은 것이다. 그러니 그렇게 답한 사람들은 불참하거나 그들에게서 도움을 받을 수 없다는 것을 예상해 두자.

'아니오'는 당신이 도와주거나 지원을 해 주겠다고 말했을 때 돌아오는 답이다. 핵심은 세 번 묻는 것이다. 세 번째 제안 후에도 친구가 여전히 '아니오'라고 말한다면 그건 진심으로 거절하는 것이다. 당신도 똑같이 행동하면 예의 바르다고 여겨질 것이다. 예를 들어, 처음에 음식을 권유받을 때 정중하게 거절하자. 대개는 친구가 다시 권유할 것인데, 그러면 '네, 감사합니다'라고 말하면 된다. 만약 권유하지 않는다면, 그 친구는 서양 문화에 익숙하다는 의미다. 다음번에 그 친구와 함께라면 처음부터 '네'라고 대답하도록 하자.

【 개인 공간 】

당신이 생각하는 개인 공간에 대한 감각과 친구 및 낯선 사람이 생각하는 가까운 거리 사이에는 큰 차이가 존재할 수 있다. 만약 당신이 인도인처럼 보이지 않는다면, 주요 도시 밖에서는 어디에서든 시선을 받을 준비를 해야 한다. 심지어 당신이 금발이라면, 호기심 많은 사람들이 당신의 머리카락을 만질 용기를 낼 수도 있다.

인도에서는 손을 잡는 일이 많지만, 성별이 다를 때는 그러지 않는다. 남자들은 길을 걸을 때 서로 손을 잡을 수 있다. 모든 연령대의 소년들은 서로 팔을 두르고 다닌다. 여자아이와 여성들은 종종 뺨에 입을 맞추며 인사를 나누고, 이야기를 나누면서 손을 잡는다. 이 모든 것은 애정과 우정의 표시이므로 성적인 행동으로 오해해서는 안 된다.

인도에 온 방문객으로서 이성과 손을 잡거나 신체적 또는 언어적으로 애정을 표현하는 것은 결코 적절하지 않다. 도시에서 머무를 때는 악수가 흔하고 일반적으로 받아들여지는 인사 방식이지만, 항상 그런 것은 아니다. 여성을 소개받을 때는, 상대 여성이 먼저 손을 내밀 때까지 기다려야 한다(자세한 내용은 262페이지 참조).

베풀기

【 누가 계산하는가? 】

인도에서는 당신이 누군가를 초대하면 커피 한 잔이든 값비싼 연회든 당신이 계산해야 한다. 다른 사람들이 자신의 몫을 낼 거라고 기대해서는 안 된다. 그들은 값을 내지 않을 것이다. 친구가 당신을 초대했다면, 그 친구가 반드시 계산할 거라고 예상할 수 있다. 계산을 두고 가볍게 실랑이하거나, 다음번에는 당신이 초대하겠다는 점만 확실히 하면 된다.

【 선물 주기 】

모두가 선물을 좋아하지만, 인도에서 선물은 관계를 형성하고 유지하는 데 있어 중요한 측면이다. 24K 금으로 된 보석과 전자제품을 비롯해 기타 값비싼 선물은 신생아와 신혼부부에게, 특별한 날에 가족과 친한 친구들에게 주는 선물이다.

호혜성을 통해 관계의 균형을 유지해야 하므로, 방문하는 친구나 비즈니스 파트너로부터 값비싼 선물을 받으면 의무감과 스트레스를 느껴 미래의 관계에 장벽을 만들 수 있다. 그러나 방문객이나 외국인 손님이라면, 인도인들 간에 주고받는 선물과 대등해야 한다는 압박감을 느끼지 않아도 된다.

값비싼 선물을 받거나 과하게 느껴지는 호화로운 환대를 받더라도, 그에 상응하는 선물을 해야 한다는 의무감을 느낄 필요는 없다. 선물은 단순하고 의미 있는 것으로 유지하자. 친구 집을 처음 방문할 때는 과자나 과일 한 바구니 또는 당신 나라의 특산품이 사려 깊은 선물이다. 고향에서 초콜릿을 가져오는 경우, 반드시 기내 수하물로 가지고 다니면서 여행 초반에 만나는 사람들에게 선물하도록 하자. 참고로 인도에서 판매되는 초콜릿은 높은 기온에서 녹지 않도록 고함량의 왁스를 함유하고 있다.

작은 장난감이나 영어책 같은 선물들은 아이들을 웃게 할 것이다. 당신이 어디에서 왔는지 보여 주는 것, 이를테면 사진이 있는 달력 같은 것들도 새로운 친구들에게 소중히 여겨질 수 있다. 다른 환영받을 만한 선물로는 유명 브랜드 화장품과 향수나 적당한 가격의 펜, 또는 지역 대학교 혹은 스포츠 팀의 티셔츠가 있다. 예산이 적다면, 초콜릿이나 핫초콜릿, 혹은 머리핀이나 고향에서 온 엽서도 아주 적당하다.

대다수 인도인은 힌두교든 무슬림이든 기독교든 술을 마시지 않으므로, 와인이나 독주를 선물하기 전에 음주가 허용되는지 꼭 확인하도록 하자. 종교적인 이유로 가죽 제품 역시 적절하지 않을 수 있다. 보석이나 꽃 선물은 너무 개인적인 것으로 간주하므로 남성은 여성에게 그런 선물을 해서는 안 된다. 그리고 앞에서도 언급했듯이, 잘린 꽃은 결혼 선물로 적절하지 않다.

만약 고향에서 선물을 가져오지 않았다면, 문화적으로 적절한 현지 선물을 찾기 위해 도움이 필요할 것이다. 당신이 인도에서 아름답다고 생각하는 것들이 인도인들에게도 항상 높이 평가되는 것은 아니기 때문이다. 집을 방문할 때는 과일 바구니가 좋은 선물이며, 특별한 날에는 축하 카드 안에 현금을 넣어 주는 것도 좋다. 더 좋은 방법은 친구나 지인에게 원하는 것을 물어보는 것이지만, "괜찮아요"라는 말을 들을 준비는 해야 한다. 그러면 그 말을 무시하고 선물을 가져가면 된다.

【 우정이 아닌 상황에서의 베풀기 】

당신은 인도 어디에서나 구걸하는 사람들을 만나게 될 것이다. 인도에 장기간 체류한다면, 이 시스템을 이해하고 그들에게 어떻게 대응하며 모든 곳에서 보이는 마음 아픈 극심한 빈곤에 어떻게 반응해야 할지 결정해야 하는 시간을 갖게 될 것이다. 아이의 커다란 눈, 나병 환자의 붕대 감은 손 혹은 자신의 감정에 속아서는 안 된다. 돈을 주면 그들은 다른 사람들에게 갈 것이고, 그들에게 전혀 도움이 되지 않을 수 있으며, 오히려 그 사람들이 태어난 빈곤의 악순환을 영속시키는 데 기여하게 된다. 직업이나 질병 또는 노예화로 인해 구걸로 전락한 150만 명의 사람들을 돕고 싶다면, 인도 및 다른 나라에는 당신의 돈을 사용하여 지속적인 선행을 할 수 있는 우수한 기관들이 많이 있다.

인도 가정 방문하기

【환대】

방금 만난 사람들이 당신을 집으로 초대하여, 차나 저녁 식사, 심지어 며칠 묵었다 갈 것을 제안할 수도 있다. 그들의 환대에 감사를 표하려면 과자 한 상자 같은 작은 선물을 가져가도록 하자. 그들은 문 앞에서 당신을 따뜻하게 맞이하고, 어디에 신발을 벗어야 할지 알려 줄 것이다. 인도에서는 집에 들어가기 전에 신발을 벗어야 하며 일반적으로 슬리퍼는 제공되지 않는다. 신발은 부정한 것으로 여겨지기 때문에, 좋은 호스트라면 다른 사람들이 신었던 슬리퍼를 손님에게 제공하지 않는다.

인도 가정에서 저녁 시간을 보낼 때는 적절한 절차가 있다. 초대를 받았든 받지 않았든, 집에 들어가는 즉시 차이(우유와 설탕, 때로는 향신료를 넣은 차)나 커피(우유와 설탕을 넣은), 물, 주스 또는 셔벗(인기 있는 과일이나 꽃향으로 만든 음료)이 권해진다. 이를 거절한다면 무례한 행위다.

인도에서는 대화를 먼저 나누고 나중에 식사한다. 식사가 끝나면 집에 갈 시간이라는 것을 모두 알고 있다. 식사를 먼저 하고 그 후에 대화를 나누거나 여러 코스의 식사를 하면서 긴 대화를 나누는 데 익숙한 외국인 손님이 왜 저녁 식사가 제공되지 않는지 의아하게 여길 동안, 인도인들은 몇 시간이고 앉아서 이야기를 나눌지도 모른다. 식사는 저녁 시간 중 아무 때나 이루어질 수 있다. 심지어 어린 자녀가 있는 가족도 늦은 식사를 한다.

도시와 시내에 사는 인도인들은 식탁에 앉아서 식사한다. 반면, 마을이나 가난한 가정 또는 많은 손님이 초대된 행사에서는 사람들이 돗자리에 둘러앉을 수 있다. 집안의 여성들은 초대된 손님을 위해 온종일 음식을 준비한다. 손님들은 혼자 먹을 수 있게 식사를 제공받거나 집안의 어른과 함께 식사하게 된다. 이렇게 하는 것은 존경의 표시인 동시에 음식이 부족할 수 있는 가정에서는 손님이 음식을 다 먹고 해당 가족에게 창피함을 느끼게 하지 않으면서 원하는 만큼 식사할 수 있도록 하는 방법이기도 하다. 식사 끝에 디저트가 항상 제공되는 것은 아니다. 가족들이 손을 씻으러 일어나면 식사가 끝났다는 것을 알아야 한다. 그런 다음에는 주인에게 훌륭한 식사에 대해 감사를 표하고, 참석한 모든 사람에게 작별 인사를 하고 떠날 시간이다. 당신이 대문 밖이나 길 아래 또는 차나 택시에 타기 전까지 사람들은 계속해서 배웅할 것이다. 이는 당신과의 연결과 보호를 뜻하는 표시이며, 모든 인도 관계에 있어 필수적인 요소다.

【 식사 예절 】

당신이 접시에 음식을 조금 남기거나 오른손으로 접시를 덮어 거절 의사를 표시할 때까지, 향신료가 든 음식들이 푸짐한 쌀밥이나 완벽한 동그라미 모양의 수제 차파티와 함께 제공될 것이다. 처음 권했을 때는 거절하는 것이 예의다. 그러고 나면 다시 권할 것이다.

인도 음식은 손가락으로 먹을 때 더 맛있다. 오른손을 사용해 보자. 식사 전후에는 손을 씻을 수 있는 공간이 항상 마련되어 있을 것이다. 많은 인도 식당에서 이를 위한 세면대를 갖추고 있다. 일반적으로 음식은 손가락의 첫 번째 마디, 즉 손끝에만 닿아야 한다. 손가락 전체나 손바닥에 음식을 묻혀도 사람들은 예의를 차리겠지만, 속으로는 불쾌하게 여길 것이다. 손가락으로 먹는 것이 너무 불편하거나 지저분해진다면, 숟가락을 요청해도 괜찮다.

식사 중에는 왼손을 사용해서 자신이나 다른 사람을 위해 음식을 덜어도 괜찮지만, 아마도 그럴 필요는 없을 것이다. 집안의 여성들이 대기하면서 서빙할 준비를 하고 있을 테니 말이다. 사실 음식에 손을 뻗는 것은 예의가 아니며, 절대로 음식을 요청해서도 안 된다. 음식은 알아서 서빙될 것이다. 만약 음식이 더 나오지 않는다면, 준비한 것보다 수요가 많았다는 것을 의미할 수 있다. 따라서 인도인 호스트의 신호를 잘 따르도록 하자. 차파티나 난, 또는 파라타는 양손을 사용하여 찢을 수 있다. 가까운 가족이 아닌 사람의 음식을 만지거나 다른 사람의 접시에 있는 음식을 먹는 것은 절대로 하지 말아야 할 예의 없는 행동이며, 다른 사람의 잔으로 마셔서도 안 된다.

이러한 몇 가지 예절을 지키는 것은 당신과 호스트 모두에게 더욱 즐거운 방문이 되게 해 줄 것이다. 하지만 당신의 매너나 실수와 관계없이, 당신이 필요로 하는 모든 것이 최대한의 배려와 관대함으로 충족될 것이라고 확신할 수 있다. 음식과 음료 외에도, 머무를 곳이나 인도의 다른 지역의 인맥을 비롯해 다음 목적지까지의 이동 수단이나 동행 등을 제공받을 수 있다. 손님인 당신을 위해 모든 자원을 아낌없이 제공하는 것은 호스트가 보여 줄 수 있는 우정의 문제다. 모든 인도 가정과 인도의 모든 전설에서 배운 대로, 호스트에게는 손님인 당신을 신처럼 대할 의무가 있다.

05

일상생활

'프라이버시'라는 단어를 인도어 사전에서 찾을 수는 있다. 하지만 인도에서 실제로는 프라이버시를 찾기 힘들 것이며, 적어도 당신이 인식하는 방식의 프라이버시를 기대할 수 없을 것이다. 서양인들은 사생활을 개인 공간, 은밀한 정보, 침해로부터의 자유라는 관점에서 정의한다. 하지만 인도에서 일반적으로 프라이버시란 '숨겨지는 것'이 아니라 '무시되는 것'에 관한 것이다.

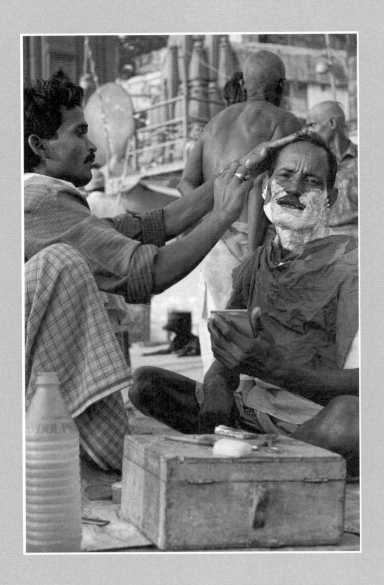

개인적이지 않은 인도인들

【 보지 않고 보는 사람들 】

'프라이버시'라는 단어를 인도어 사전에서 찾을 수는 있다. 하지만 인도에서 실제로는 프라이버시를 찾기 힘들 것이며, 적어도 당신이 인식하는 방식의 프라이버시를 기대할 수 없을 것이다. 서양인들은 사생활을 개인 공간, 은밀한 정보, 침해로부터의 자유라는 관점에서 정의한다. 하지만 인도에서 일반적으로 프라이버시란 '숨겨지는 것'이 아니라 '무시되는 것'에 관한 것이다.

인도인들은 어릴 때부터 보면서도 보지 않는 기술을 발달시킨다. 많은 농촌 지역에서 들판이 화장실 기능을 겸하고 있다. 도시에서는 룽기나 반바지를 입은 10대 소년들이 공용 수도 펌프에서 비누칠하는 모습을 찾아볼 수 있다. 강에서는 여성들이 조심스럽게 씻고 옷을 갈아입는다. 많은 사람이 작은 공간을 공유한다. 이를테면, 대가족은 작은 방 두 개짜리 오두막에서 살고, 한 쌍의 부부와 자녀들은 도시 아파트에 살면서 침실을 공유한다. 이렇게 친밀감을 저해하는 명백한 요인들에도 불구하고, 인도에서는 매년 1,800만 명의 아기가 태어난다.

쏟아지는 새로운 광경들에 놀란 방문객에게는 보면서도 보지 않기가 어려울 수 있지만, 주변 사람들의 프라이버시를 존중하기 위해서는 이를 무시하는 법을 배워야 한다.

인도 가정집에는 개인 공간이라는 개념이 없다. 친구 집에 잠깐 들렀을 때, 친구와 그 가족들 또는 친구들이 침대에 편안하게 모여 담소를 나누거나 낮잠을 자는 모습을 쉽게 찾을 수 있다. 침실은 공동 공간으로 간주하며, 사람들은 대개 들어가기 전에 노크를 하지 않는다. 호텔 직원들조차 문을 열 때 대충 몇 번 두드리기만 할 수도 있다. 프라이버시가 중요하다면 문을 잠가야 한다. "여기서 기다려 주세요. 금방 돌아올게요"라고 말하는 것이 효과가 있을 수 있지만, 그 뜻을 이해하는 사람은 일부에 불과할 것이다.

화장실은 예외다. 화장실에서는 어느 정도 프라이버시를 보호받을 수 있지만, 가끔 여성 공중화장실에조차 칸막이 문이 없는 경우가 있다.

소유물도 '내 것'이 아니라 '우리 것'의 개념이다. 가족과 친한 친구들은 돈을 포함해 모든 종류의 물건을 서로 빌려주는데, 종종 갚아야 할 필요성을 느끼지 않을 때가 많다. 그래도 절도나 경솔함으로 여겨지지 않는다. 공동 재산이기 때문이다.

> ### • 사진 촬영? •
>
> 만약 당신이 카메라 반대편에 있다면, 그 상황에서 사진이 찍히고 싶은가? 그렇지 않다면, 사진을 찍기에 앞서 한 번 더 생각해 보자.

【 가족 비밀 】

인도인들은 친한 친구나 친척들에게조차도 몇 가지는 비밀로 유지한다. 정신 질환, 우울증, 성적 및 신체적 학대는 많은 서양 사회에서 꽤 공공연하게 논의된다. 하지만 인도에서 이러한 것들은 절대 드러내서는 안 되는, 철저하게 감춰져야 하는 비밀이다. 가족의 명예와 사회적 지위, 딸들의 결혼 가능성이 걸려 있기 때문이다.

당신은 가족의 정신 건강 이력, 학대나 이혼에 관한 개인적이거나 일반적인 이야기를 하는 것에 있어 거리낌이 없을 수 있지만, 그러한 '사적인' 문제를 공유하기로 선택할 경우 이런 주제에 대한 인도의 금기가 당신에 대한 존경과 신뢰를 잃게 하리라는 사실은 분명하다. 당신의 친구들이 갑자기 당신과의 사이에서 불편함을 느끼는 것처럼 보일 수 있다.

가족의 집

【 대조와 편리함 】

인도의 주요 공항에 도착하면, 사람들이 '집'이라고 부르는 많은 종류의 장소들을 엿볼 수 있다. 델리와 콜카타의 고층 건물들과 뭄바이와 첸나이의 널빤지 지붕으로 덮인 임시 거처들, 켈랄라의 무성한 열대 정원으로 둘러싸인 하얀색 집들, 라자스탄의 파랗고 분홍빛을 띤 옥상 테라스들까지.

기차를 타고 가다 보면 인도의 60만 개 마을 중 일부를 지나게 될 것이다. 석고 벽면을 밝은 파란색으로 칠한 초가지붕 집들과 빨간 기와지붕의 작은 집들, 푸른 논 위로 나무 기둥을 세워서 지은 오두막집에는 인도 농촌 인구의 66%가 살고 있다.

모든 도시와 마을에서 당신은 부유한 사람들과 가난한 사람들의 불편한 병치에 직면하게 될 것이다. 부유한 사람들의 빌라에서는 빈민가가 내려다보인다. 그곳에는 도시 외곽에서 온 일용직 노동자들이 자신들이 짓고 있는 중산층 가정을 위한 아파트 단지 밖 거리에서 잠을 자는 모습과, 주워 모은 몇 조각의 플라스틱과 금속이나 나무 조각으로 최선을 다해 살아가는 노숙 가족들이 있다.

'집'은 다가구 주택의 단칸방일 수도 있고 다층의 대리석 저택일 수도 있지만, 가족이 사는 대부분의 집은 세계 어느 지역의 집들과 크게 다르지 않다. 집은 잠자고, 쉬고, 요리하는 장소다. '차르파이'라고 불리는 나무나 직물로 엮은 낮은 단상은 많은 사람들에게 앉을 자리가 되지만, 중산층 가정에는 소파와 의자가 있는 거실이 있으며 도시에는 TV까지 완비하고 있다. 침실은 보통 공유된다. 어머니와 아이들이 같은 침대에서 함께 자는 것은 드문 일이 아니다. 한편 주방은 철제나 황동 냄비로 꽉 채운 기능적인 공간이다. 때로는 여성이나 하인들이 손이 더 많이 가는 요리나 실내에서 불쾌한 냄새를 유발할 수 있는 음식을 준비하는 야외 주방이 갖춰져 있기도 하다. 식사하는 방에는 식사 전후에 손을 씻을 수 있는 도자기 세면대와 함께 냉장고가 있을 때도 있다. 또한 많은 인도 가정에 예배나 기도를 위한 별도의 공간이 마련되어 있다. 힌두교도들의 집에는 여성들이 가족의 안녕을 위해 매일 의식을 행하는 작은 신전이 있기도 하다.

중산층 가정에는 욕실과 화장실이 있다. 샤워 시설이 없다면 양동이와 컵이 놓여 있을 것이다. 일반적으로 손님들은 자신의 세면도구와 수건을 직접 가져와야 한다. 화장실은 분리되어 있을 수 있다. 인도인들은 보통 화장지를 사용하지 않으며, 대신 물과 컵이 준비된 것을 볼 수 있다. 화장지가 있다면, 사용 후 변기에 버리기보다는 휴지통에 버리는 것이 일반적이다.

【 하루 일과 】

인도 여성들 대부분은 하루를 준비하기 위해 해가 뜨기 전에 일어난다. 보통 집안의 하인이나 다른 여성 가족 구성원의 도움을 받아 아침 식사를 준비하며, 필요한 일상적인 종교 의식을 수행한 후 남자들과 아이들을 깨운다. 아침 식사 후에는 모든 가족이 집 밖에서든 집 안에서든 자신의 일을 시작한다.

세탁업을 하는 남자나 여자가 매주 집을 방문해 세탁되고 다림질된 옷을 배달하고 더 많은 세탁물을 거둬 간다. 다림질이 필요한 경우, 대개 거리 끝에서 다림질 카트를 찾을 수 있을 것이다. 우유와 달걀부터 빗자루와 양동이에 이르기까지 모든 종류의 가정용품은 집 바로 앞에서 살 수 있다.

일반적으로 식사 준비는 많은 여성들에게 하루 종일 해야

식료품과 가정용품 그리고 간단한 먹거리들이 있는, 언제나 이용할 수 있는 노점상들.

하는 일이다. 냉장고의 사치를 누리지 못하는 사람들은 식료품을 매일 사야만 한다. 정육점 주인이나 생선 장수는 자신의 고객을 알고 그들이 보통 무엇을 사는지 알고 있다. 채소 노점에 들른 인도 여성은 노점상의 아들이 저녁 식사 준비 시간에 맞춰 배달해 줄 것을 알고, 필요한 것을 주문한다. 인도인들 대부분이 여전히 지역 시장이나 가족이 운영하는 가게에서 쇼핑하지만, 지난 10년 동안 인도의 도시에서는 냉동식품과 간편식으로 가득 찬 슈퍼마켓이 생겨나면서 식사 준비 시간과 가족 저녁 식탁에 변화가 찾아왔다.

사람들은 소득과 직업 그리고 생활 방식에 따라 하루에 두 번에서 네 번 식사한다. 점심이 주된 식사다. 공립학교에서는 아이들에게 쌀과 달(렌틸콩)로 점심을 제공할 것이다. 학생들과 직장에 다니는 부모들은 대부분 집에서 갓 조리한 음식을 담은 티핀(양철용기의 도시락이나 여러 개의 용기를 쌓은 도시락 세트)을 가지고 다닌다. 초저녁에 마시는 '차'는 차이(차)부터 티핀(이 경우, 가벼운 저녁 식사나 든든한 간식 정도)까지 무엇이든 될 수 있다.

　　티타임은 방문 시간이기도 하다. 친구나 동료 또는 도시 밖에 사는 가족들이 이야기를 나누기 위해 들른다. 가족들은 밤 8시에서 11시 사이에 함께 앉아 저녁 식사를 한다.

　　대가족의 기대와 요구, 자녀들의 학교와 과외, 맞벌이 부모, 잦은 손님과 갑작스러운 방문객들, 교통 혼잡과 복잡한 이동 수단, 도시의 긴 통근 시간 등 모든 것이 일상생활에서 스트레스를 더한다. 하지만 이 상호 의존적인 사회에서는 서로에게 이익이 되는 관계망이 그 부담을 덜어 준다.

　　여성 대부분은 혼자서 집안일을 처리할 필요가 없다. 가까운 곳에, 혹은 같은 집에 대가족이 살고 있다는 것은 시어머니, 자매, 이모, 사촌들이 음식 준비와 육아를 비롯해 기타 일상적인 집안일을 돕는다는 것을 의미한다.

전통적인 카스트 제도와 계층별 노동 분업에 더해 특히 낮은 여성의 교육 수준은 하인을 고용하는 관행이 광범위하게 퍼지는 데 기여했다. 입주 가사 도우미와 주간 가사 도우미 모두 집안일을 돕고, 아이들을 학교에 데려다주며, 심부름을 하고, 밤에는 경비원 역할을 한다. 임금은 낮지만 음식이 제공되며, 입주 가사 도우미의 경우 숙소도 제공된다. 당연히 다양한 종류의 학대가 발생하기도 한다. 하지만 많은 경우 이러한 계약은 생계와 실질적인 도움을 제공할 뿐만 아니라 더 큰 네트워크의 도움과 자원에 접근할 수 있도록 해 준다.

【 가족 구조 】

인도는 전통적인 문화이기 때문에 인도 가정에서 남편과 아버지는 가장으로 간주한다. 여러 세대가 같은 집에 살 때는 가장 나이가 많은 남성이 우두머리다. 하지만 아내와 어머니도 위계질서에서 강력한 위치를 차지한다.

가장 중요한 관계는 어머니와 첫째 아들 사이다. 어머니의 가족 내 위치는 실질적으로 그녀의 노후 계획이 되는 아들의 출생으로 높아진다. 전통적으로 장남은 노년에 부모를 재정적, 신체적으로 부양할 책임이 있다. 장남이 누구와 결혼하는지는 그 자신뿐만 아니라 그의 부모와 미혼의 여자 형제들에게도 중요하다.

인도는 여전히 불과 1%라는, 전 세계에서 가장 낮은 이혼율을 자랑한다. 하지만 그보다 세 배나 많은 부부가 별거를 선택한다. 그리고 인도의 가족생활에 영향을 미치는 급격한 문화적 변화의 발생을 나타내는 지표들이 있다. 대가족으로부터의 독립, 여성의 경제적 독립, 맞벌이 부부의 경력과 시간 압박, 법적 권리에 대한 높아진 교육과 이해, 미디어가 만들어낸 결혼 기대치에 대한 변화는 젊은 세대 사이에서 결혼뿐 아니라 정체성까지 재정의하고 있다.

【 여성의 일 】

인도 여성의 강인함은 모든 가정에서 찾아볼 수 있다. 집안일과 가족을 돌보는 아내이든, 수백 명의 직원을 관리하는 기업 CEO이든, 강가에서 빨래를 두드리는 세탁부이든 모든 역할에서 말이다. 1990년대 인도 경제 개방 이후, 정부와 민간 부문에서 일하는 여성의 수가 두 배로 증가했다. 여성들은 이제 가족의 부와 지위에 기여하는 경제적 주체가 되고 있다. 교육과 직업 기회의 증가는 가족과 사회 내에서 여성에 대한 인식을 서서히 변화시켜 나가고 있다.

　여성은 공식적인 노동력 통계에서 단지 15%를 차지한다. 인도의 전체 취업 여성 중 거의 90%가 '취업 여성'으로 집계되지 않는 것으로 추정된다. 농장과 건설 현장에서, 또는 가정부로서 급여를 거의 또는 전혀 받지 않은 채 일하기 때문이다. 또한 남성보다 신체적으로나 지적으로 약하다고 여겨지는 여성들은 고용 시 남성보다 적은 임금을 받으며, 가정에서의 노동은 당연하게 여겨진다. 젊은 여성이 고등 교육을 받고 높은 임금을 받을지라도, 이는 여전히 결혼 시장을 위한 자산으로 여겨질 뿐이다. 일반적으로 가정과 가족을 돌보는 데 전적인 책임을 지는 여성들이 사업을 시작하거나 경력을 개발하거나 또는 고위 관리직을 맡기는 여전히 어렵다. 안타깝게도 사회에 진출하는 여성의 수가 증가함에 따라 여성에 대한 폭력도 증가했다. 지난 10년 동안 여성을 향한 강간과 납치, 고문, 폭행 등은 모두 급격히 늘어났다.

자녀

【양육】

인도의 가족들은 모두 다른 형태이지만, 부모들은 공동의 가치를 지닌다. 그들은 자녀의 이익을 위해 기꺼이 희생한다. 이는 아버지가 자녀를 적절히 교육할 수 있을 만한 충분한 돈을 벌기 위해 먼 도시나 국가에서 일하거나, 어머니가 자녀를 잘 먹이기 위해 자신은 충분한 음식을 먹지 못하더라도 괜찮다는 것을 의미한다.

유아기와 아동기 내내 지속적인 신체 접촉을 통해 어머니와 자녀 사이에 밀접한 유대감이 형성된다. 자녀들은 어머니와 함께 잠을 자고, 매일 오일 마사지를 받으며, 두세 살까지 모유 수유를 할 수도 있다. 아이가 고형식을 먹을 수 있을 만큼 성장하면, 어머니는 손으로 아이에게 음식을 먹인다. 아이들이 더 자랐을 때도 생일과 같은 특별한 날에는 특별한 음식을 어머니의 손으로 먹이는 것이 일반적이다.

아이의 칭얼거림을 달래기 위해서는 종종 단 음식이 사용된다. 아이를 행복하게 해 주기 위한 인도의 많은 일반적인 관행은 이방인의 시각에서는 때로 지나치게 관대해 보일 수 있

다. 하지만 이러한 방법은 단순히 눈물과 짜증을 멈추게 할 뿐
만 아니라, 독립성과 자율성을 키우는 데 중점을 둔 서양의 전
통적인 양육 방식과는 대조적으로 깊은 상호 의존성을 발달시
킨다.

　인도 아이들은 절대로 혼자 있는 경우가 없으며, 잠을 잘
때도 마찬가지다. 유아가 별도의 방에서 혼자 자도록 가르치
는 것이 일반적인 서양의 관행은, 인도의 좋은 부모의 시각에
서는 학대로 여겨질 수 있다. 유아와 어린아이들은 엄마나 이
모, 나이 많은 형제자매 또는 하인들이 하루 종일 안고 다닌
다. 모든 나이대의 아이들은 함께 놀고 서로를 돌볼 것으로 기

대된다. 어린아이들은 형제자매와 사촌 그리고 이웃에게서 사회 질서의 규칙과 위계에 대한 존중을 배운다.

남자아이들은 어릴 때부터 자신들이 세상의 질서에서 특별한 위치를 차지한다는 것을 배운다. 어머니들은 아들이 어렸을 때뿐만 아니라 성인이 되어서도 아들과의 관계를 질투 어릴 정도로 지켜 낸다. 여자아이들은 집안일과 가족을 돌보는 법을 배우지만, 남자아이들은 학교에서 잘하는 것 외에는 거의 책임을 지지 않는다. 게다가 남자아이들은 영적으로도 보호받는다. 이를테면, 인도의 일부 지역에서는 질투와 악한 눈을 피하고자 남자아이에게 여자아이처럼 옷을 입히거나 볼에 검은 점을 찍기도 한다.

사회적 기대는 아이들이 남성이든 여성이든, 혹은 중산층이든 시골 출신이든 성인이 되는 과정에서 개인적인 열망과 욕구를 형성하며 때로는 그것을 뛰어넘는다. 하지만 이런 상황에도 불구하고, 10대와 미혼인 젊은이들 사이에는 깊은 로맨스가 분명하게 나타난다. 발리우드 스타일의 사랑에 대한 환상과 얽힌 이성에 대한 짝사랑이 널리 퍼져 있다.

남학생과 여학생은 부적절한 감정적 관계나 성적인 부정을 방지하기 위해 나이를 먹을수록 학교와 사회 환경에서 서로 분리된다. 로맨틱한 사랑은 성행위와 동일시된다. 인도에서는 여전히 대부분의 결혼이 정략결혼이기 때문에 부적절한 행위에 대한 의심만으로도 비극이나 파멸을 초래할 수 있으며, 특히 여자와 양쪽 당사자의 자매들, 대가족의 명성에 치명적일 수 있다. 부모는 필요한 어떤 수단도 가리지 않고 10대 자녀들이 공부에 집중하고, 가족을 위해 일하며, 가문의 명예를 지키도록 돕는다.

【 교육 】

오늘날 인도에서는 130만 개의 초중등학교, 4만 1,500개의 단과대학과 종합대학 등 수많은 사립 교육 기관들이 다음 세대를 위한 교육을 제공하고 있다. 인도 어린이들은 14세까지 무상 의무 교육을 받을 헌법상의 권리를 가지고 있다. 수십 년 동안 정부는 모두가 교육받을 수 있게 하는 다양한 프로그램들을 시행해 왔다. 그 결과 인도 역사상 그 어느 때보다 더 많은 어린이가 학교에 다니고 있으며, 이는 무려 98%에 달한다. 게다가 이전 세대들보다 더 많은 학생이 중등 교육을 마치고 있다. 여성 문맹률도 급격히 감소했으며, 더 많은 여학생이 학교에 등록하거나 학업을 지속한다. 소외된 지역사회에 더 큰 사회적 상승 기회를 제공하기 위해 법률은 고등 교육 기관에서 일정 비율을 '정해진 카스트 계급 및 부족'에게 할당하도록 요구하고 있다. 그럼에도, 평균 중퇴율은 전체적으로 10%이지만 여학생의 경우 60%에 달한다. 그리고 단지 10%만이 고등 교육의 기회를 얻는다.

중산층과 상류층 가정은 질 좋은 사교육을 받을 능력이 있다. 사교육은 그 비용이 가난한 가정도 이용할 수 있을 정도로 점점 더 저렴해지면서 인기를 얻었다. 인도 어린이의 40%

델리에 있는 중학교의 화학 수업.

가 사립 학교에 등록하고 있으며, 이는 불과 10년 전과 비교해도 급격한 변화다. 하지만 사립 학교는 정부의 인가를 받을 필요가 없으므로, 교육의 질이 천차만별이다. 농촌 지역에서는 낮은 교육 수준과 우수한 교사의 부재, 부족한 자금, 전기나 수도와 같은 공공 서비스의 부족, 전통적인 성별 편견, 빈곤한 가정, 아동 영양실조 등이 40%에 이르는 농촌 학생들의 중퇴율의 원인이다.

학업을 지속하는 학생들에게는 학급에서 1등을 해야 한다는 엄청난 압박감이 있다. 인도에서 경쟁은 어린 시절의 스트레스 요인이다. 정규 교육과 함께 '1등'이 되어야 한다는 압박감은 세 살부터 시작된다. 아이들은 어린이집과 유치원에서 모국어뿐만 아니라 힌두어나 영어를 읽고 쓰는 법을 배운다. 중등 교육이 끝나는 17세나 18세가 되면, 시험 결과에 따라 학생들의 직업과 학습에 대한 진로가 결정된다. 우수한 학생들은 인도 최고의 고등 교육 기관 중 하나인 IIT^{Indian Institute of Technology}에 진학하거나 미국, 영국, 호주, 독일 또는 캐나다의 국제 학생이 되는 선택을 할 수도 있다.

자녀를 원하는 인도 교육 기관에 진학시키기에는 적성이나 시험 결과가 충분하지 않은 경우, '기부금'이나 개인적인 선물이 문을 열어 줄 수 있다. 부정부패는 인도 교육의 슬픈 현실이다. 종종 시험이나 논문에서 부정행위는 잘못이라기보다는 '권리'로 여겨진다. 뜻 있는 가정에서는 아들이나 딸의 좋지 않은 대학 입학시험 결과를 바꾸기 위해 수만 루피를 낼지도 모른다.

성스러움과 부정함

전통적인 가족 구조가 아닌 형태로 살아가는 사람들이 있다. 존경받는 사람도 있고 멸시받는 사람도 있지만, 모두가 사회와 거리를 두고 살아가면서도 자신들을 외부에 머물게 하는 바로 그 사회에서 가치 있는 역할을 한다.

【사두】

인도에서는 수백만 명의 남녀가 개인적인 깨달음을 추구하는 과정에서 힌두교 금욕주의자, 즉 사두로 살아간다. 가족과 공동체에 대한 책임뿐 아니라 세속적인 소유물과 안락함을 버린 이 자발적인 추방자들은 인도 곳곳에서 볼 수 있다. 힌두교도들에게 '성스러운' 존재로 여겨지는 사두는 인도 풍경의 일부다.

영적인 가르침으로 유명한 많은 사두가 있으며, 사람들은 그들의 축복을 받기 위해 찾아온다. 몇몇은 주술적인 능력과 기괴한 행위 때문에 두려움을 불러일으키기도 한다. 일부는 침묵의 맹세를 한 채 홀로 방랑한다. 또 어떤 이들은 특정 신에게 헌신하는 공동체의 일원이 되어 이마에 색과 무늬를 표시해 자신들의 신성한 충성심을 드러낸다. 거리에 앉아 나무 그릇을 손에 들고 음식이나 동전을 구걸하는 주황색 옷을 입은 남자들을 흔히 볼 수 있다. 축제 기간에는 나가바바(벌거벗은 아버지)들이 몸에 재를 바르고 긴 엉킨 머리를 한 채 무리를 지어 행진하는 모습을 볼 수도 있다. 신으로 숭배받기도 하고, 축복과 저주를 내리는 힘 때문에 두려움을 받기도 하는 사두들은 힌두교도들에게 물질세계의 비현실성을 시각적으로 상기시켜 주는 존재다.

【 히즈라와 '제3의 성' 】

신성함과 불경함을 동시에 지니는 것이 가능한 곳은 오직 인도뿐이다. 히즈라는 이러한 인도 특유의 관점을 구현한다. 2014년 첫 공식 집계에 따르면, 인도에는 현재 합법적으로 '제

인도의 트랜스젠더 공동체(히즈라)는 고대부터 이어져 왔으며, 마하바라타와 카마수트라와 같은 고대 문헌에서도 언급되고 있다.

'3의 성'으로 인정받는 50만 명의 거세남성(선천적, 강제적 또는 자발적)이 있다. 스스로를 남성도 여성도 아닌 존재로 규정하는 이들은 동성애자도 아니고, 현대적인 트랜스젠더의 정의에도 부합하지 않는다. 히즈라는 법적으로 결혼할 수 없지만, 그들만의 공동체 내에서 '결혼'을 하고 '자매'로 구성된 '가족'을 형성한다. 이들은 구루를 포함한 계층 구조를 따르며, 공동체의 규칙을 따르지 않는다면 처벌을 받거나 추방될 수 있다.

히즈라는 사람들에게 돈을 갈취하기 위해 거친 언어를 사용하여 사람들을 당황하게 하거나 성적인 접근을 시도하며 위협한다. 일부는 초대받지 않은 결혼식에 갑자기 나타나기도 하는데, 이는 예상치 못한 일은 아니다. 돈을 내면 신혼부부에게 다산의 축복을 내려 주지만, 거절하면 욕설과 저주를 퍼붓는다. 남자아이가 태어난 집 밖에서 노래하고 춤을 추면, 그 부모는 아이가 저주받지 않도록 돈을 내야 한다.

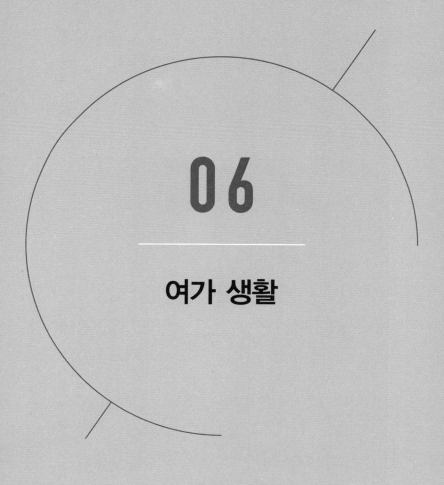

06

여가 생활

인도에서 '여가'는 거주 지역과 사회적 지위, 가족의 기대치, 업무 강도 등 다양한 요인에 달려 있다. 시골 지역에서 '여가'는 일상생활에 내재해 있으며, 계절에 따라 변한다. 도시와 마을에 살며 일하는 인구 31% 사이에서도 여가 활동은 다양하다. 많은 사람이 주 6일 근무를 하며, 일부는 특정 요일을 종교 활동을 위해 남겨 둔다. 토요일과 일요일은 대부분의 사람들에게 '주말'이다.

인도에서 '여가'는 거주 지역과 사회적 지위, 가족의 기대치, 업무 강도, 가처분 소득, 아이디어와 선택지에 대한 접근성 등 다양한 요인에 달려 있다. 시골 지역에서 '여가'는 일상생활에 내재해 있으며, 계절에 따라 변한다. 도시와 마을에 살며 일하는 인구 31% 사이에서도 여가 활동은 다양하다. 많은 사람이 주 6일 근무를 하며, 일부는 특정 요일을 종교 활동을 위해 남겨둔다. 토요일과 일요일은 대부분의 사람들에게 '주말'이다.

주말이 되면 영화관은 청소년들과 가족 단위 관객들로 붐빈다. 인도의 가족들은 자동차나 버스를 이용해 인근 도시로 짧은 여행을 떠나 친척을 방문하거나 축제 활동을 관람한다. 사원 방문이나 영화 관람 혹은 외식을 하기도 한다. 집안일과 가족을 책임지는 여성들에게는 '여가' 시간이 가족 외출을 위한 식사 준비, 집안일이나 손님 접대 등으로 채워질 수도 있다. 델리와 뭄바이 그리고 첸나이와 같은 대도시의 젊은 중산층에게는 클럽에 가는 일도 흔하다.

인도의 많은 가족들이 무더운 여름철에 긴 휴가를 떠난다. 최근 몇 년 동안 해외여행이 인도의 중산층에게 가능해졌고, 저렴한 철도 덕분에 인도 내 인기 여행지로의 이동이 수월해졌다. 고아의 해변, 케랄라의 백워터를 비롯해 우티와 코다이

카날 그리고 심라의 '힐 스테이션'은 휴가를 즐기는 가족들에게 항상 인기 있는 장소다. 하지만 인도인의 97%는 주로 영적인 이유로 여행을 떠나며, 인도 곳곳에서 발견되는 성지를 방문한다.

외식

인도에서는 어디를 가든 지역적 음식과 전국적 음식, 국제적 음식을 제공하는 레스토랑과 다바(소박한 야외 카페)를 쉽게 찾을 수 있다. KFC, 써브웨이, 맥도날드와 같은 미국의 패스트푸드점은 미국이나 유럽에서는 찾아볼 수 없는 현지 특화 메뉴를 제공하면서 도시에서 인기가 많다. 예를 들어, 인도에서는 햄버거에 소고기 대신 양고기가 들어갈 수 있으며, 항상 채식주의자를 위한 메뉴가 있다.

레스토랑마다 식사하는 공간과 주방에 대한 위생 상태가 다르다. 대개 공개된 식사 공간의 청결도는 주방의 위생 수준을 가늠할 좋은 척도가 된다.

【 길거리 노점상 】

인도 전역에는 1,000만 명의 노점상이 음식을 판매하고 있으므로 여행객은 몇 루피만 있으면 배고플 걱정은 없다. 남부에서는 기차역 플랫폼에서 기(정제 버터)에 바삭하게 튀긴 커다란 도사(쌀 팬케이크)에 맛 좋은 감자를 채워 판매한다. 과일과 채

· 팁 ·

레스토랑과 호텔에서는 팁을 주는 것이 일반적인 관행이다. 고급 레스토랑에서는 15%에서 20%의 '사치세'가 부과될 수 있으며, 이는 필수 팁이므로 추가로 더 지급할 필요는 없다. 그 외 식당들에서는 음식 가격에 대한 퍼센트가 아닌 약간의 루피 정도를 남기면 된다.

- 호텔 포터에게는 가방당 5~10루피를 주거나, 특별히 좋은 서비스를 제공했을 때 팁을 줄 수 있다.
- 대다수의 경우, 택시 운전사와 다바의 종업원에게는 팁을 줄 필요가 없다.
- 가사 도우미와 운전기사 등 정기적으로 서비스를 제공하는 사람들에게는 특별한 행사 때 현금을 선물로 줄 수 있다. 이러한 상황에서는 행사를 잘 완료하기 위해 미리 주는 선물인 '박시시'로 이해된다.

소는 능숙하게 잘라낸 다음, 보통 바나나 잎에 싸서 아름답게 제공한다. 사탕수수 주스는 도로변의 거대한 착즙기에서 다소 수상해 보이는 유리잔으로 바로 짜내 담는다. 북부에서는 소금, 후추, 다진 고수를 뿌린 삶은 달걀을 겨울 저녁에 판매한다. 차이(차)는 작은 점토 잔에 담겨 제공되며, 다 마신 후에는 땅에 잔을 던진다. 바다 파브, 파니 푸리, 사모사, 바다, 잘레비, 수많은 다른 맛있는 간식과 디저트들은 인도 거리를 따라 여행하는 내내 먹거리를 제공해 준다.

【 지역 요리 】

지리와 종교는 인도 요리를 형성한다. 쌀은 강우량이 가장 많은 남부와 북동부 지방의 주식이다. 밀이 재배되는 중부 평야와 북부에서는 맛있는 플랫브레드가 주식이다. 해안 지역 사람들은 생선을 먹는다. 북동부 지역의 음식 준비와 재료는 이웃 나라인 중국의 영향을 많이 받으며, 대개 돼지고기가 포함된다. 무슬림의 영향을 받은 지역에서는 견과류와 말린 과일을 뿌린 걸쭉하고 진한 카레가 특징인 무글라이 스타일의 음식을 맛볼 수 있다. 구자라트 요리는 일반적으로 다른 지역보다 단맛이 강한 편인데, 많은 구자라트 요리사가 소금과의 균형을 맞추기 위해 재거리(흑설탕)를 첨가하기 때문이다. 탈리는 타밀나두의 흔한 점심 식사다. 이는 커다란 스테인리스 접시에 밥이 담겨 나오고, 여러 작은 그릇들에 라삼(후추 스프), 삼바르(채소 스튜), 달(렌틸콩), 요거트를 비롯해 여러 가지 채소 요리와 차파티나 푸리, 또 디저트가 나오는데, 대단히 저렴한 가격으로 먹을 수 있다. 안드라프라데시는 혀가 얼얼할 정도로 매운 커리와 일반적으로 밥과 함께 생고추를 반찬으로 먹는 식단으로 유명하다.

인도의 식사에서 피클은 필수적인 요소다. 일반적으로 사

디왈리 축제를 위해 준비된 다양한 디저트 모음.

용되는 피클의 맛과 종류는 지역마다 다를 뿐 아니라, 각 가정에 따라서도 다르다.

인도의 디저트는 꼭 맛볼 가치가 있다. 굴랍 자문, 라스굴라, 라스 말라이, 잘레비 등 우유를 기본으로 하는 디저트가 가장 흔하다. 그 외에 지역별 특산물도 있다. 예를 들어, 윈터 멜론 설탕 절임인 페타(우타르프라데시)와 우유에 설탕과 견과류, 면을 넣어 끓인 파야삼(케랄라)이 있다. 특별한 날에는 라두(달콤한 견과류와 병아리콩을 동그랗게 뭉친 디저트)와 식용 은박으로 덮은 과자가 제공된다.

차이나 커피는 저녁 식사 후에 제공되기도 하지만, 일반적으로 아침 식사 전이나 식사 사이에 마시는 음료로 여겨진다. 차이는 우유와 차 그리고 설탕을 섞어 끓여 만든 맛있는 음료다. 특별한 날이나 일부 지역에서는 계피와 정향 또는 생강과 같은 향신료를 넣기도 한다. 인도인들은 '네스카페(인스턴트커피)'와 우유 그리고 설탕을 듬뿍 넣어 만든 '밀크커피'를 즐겨 마신다. '드립커피'는 남인도에서 찾아볼 수 있다. 인도에서 '블랙커피'는 우유 없이 설탕만 넣은 커피를 의미한다.

음식의 분류

【 **따뜻한 음식과 찬 음식** 】

인도에 어느 정도 머무르다 보면, 음식을 '따뜻한' 또는 '차가운'으로 묘사하는 것을 듣게 될 것이다. 이 말을 매운 음식과 안 매운 음식 혹은 데운 음식과 냉동 음식을 뜻하는 것으로 오해해서는 안 된다. 이는 아유르베다 의학에 뿌리를 둔 믿음으로, 이러한 유형의 음식이 어떻게 몸에 영향을 미치는지를 뜻하는 것이다.

따뜻한 음식은 유산을 초래할 수 있기 때문에 임산부가 절대로 먹어서는 안 된다. 파파야, 특히 그 씨앗을 먹는 것은 확실한 유산 방법으로 여겨진다. 출산 후에는 회복을 위해 따뜻한 음식이 필요하다. 그런 음식으로는 바나나, 파인애플, 잭푸르트, 코코넛, 가지, 감자 등의 과일과 채소가 포함된다.

고기와 생선, 달걀, 견과류가 따뜻한 음식이며, 예상대로 붉은 고추 역시 따뜻한 음식이다. 망고는 종기를 유발할 정도로 '따뜻하기' 때문에 적당히 먹어야 한다. 산모들은 유제품을 피해야 하는데, 요거트나 버터밀크 등 '차가운' 유제품이 아기에게 소화 문제를 일으킬 수 있기 때문이다. '찬' 음식은 겨울에

먹으면 병에 걸릴 수 있으므로, 먹어서는 안 된다.

당신이 듣게 될 다른 지침들에는 다음과 같은 것들이 있다. 식사 직전이나 식사 중에는 물을 마시지 말 것, 신 음식을 먹은 후에는 우유를 마시지 말 것, 추운 날씨나 감기에 걸렸을 때는 아이스크림을 먹거나 차가운 음료를 마시지 말 것 등이다. 젊은 세대는 이러한 식습관에 대한 금기를 잘 알지 못하더라도, 그들의 어머니와 할머니가 그렇게 키웠기 때문에 무의식적으로 실천하게 된다.

【 깨끗한 음식과 깨끗하지 않은 음식 】

또 다른 음식에 대한 일반적인 규칙들이 있는데, 이는 인도라는 지역적 상황에서 건강을 유지하는 데 있어 사실 좋은 습관이다. 거의 모든 인도인에게는 '깨끗한' 음식과 '깨끗하지 않은' 음식이라는 개념이 있다. 가장 일반적인 '깨끗하지 않은' 음식은 힌두교도에게는 모든 종류의 고기이며, 이슬람교도와 기독교도 대부분에게는 돼지고기가, 일부 사람들에게는 조개류까지 포함된다.

무엇을 먹는가뿐만 아니라 어떻게 먹는가도 중요하다. 왼손은 개인 위생을 위해 사용되므로, 오른손만 음식을 나누고 만지는 데 사용된다. 왼손잡이 아이들은 오른손잡이가 되도록 훈련받는 경우가 많다. 왼손잡이 외국인이라면 포크를 요청하는 것이 좋다.

【음주】

인도 사회에서 음주는 여전히 악한 행위로 간주하며, 인도인 대다수가 술을 마시지 않는다. 독립되기 전, 간디는 지방 정부들에 주류 금지를 촉구했으며, 다양한 수준의 금주령이 1977년까지 지속되었다. 구자라트주와 북동부 주들, 가장 최근에는 케랄라주까지 '금주법' 시행 주다. 전국적으로 주류 광고는 불법이다. 하지만 서양의 영향과 소비주의의 증가, 가족 구조와 가처분 소득의 변화는 도시의 젊은 전문직 종사자들과 여성들 사이에서 음주가 증가하는 계기가 되고 있다. 지난 10년 동안 주류 소비량은 두 배로 증가했다.

인도 전 도시에서 점점 매장을 늘리며 인기를 얻고 있는 많은 펍 스타일이나 세련된 레스토랑들에서 인도의 젊은이들이 모이는 모습을 찾아볼 수 있다. 평균 음주 나이는 21세이지만, 라자스탄의 18세부터 델리의 25세까지 주마다 차이가 있다.

스포츠와 야외 활동

인도인들은 스포츠에 열정적이다. 크리켓과 배드민턴은 프로
선수뿐만 아니라 일반인들도 즐기는 스포츠 중에 가장 인기
가 높다.

　인도의 스포츠와 게임에 대한 열정은 역사적으로 뿌리가
깊다. 베다 시대의 귀족들은 레슬링과 사냥을 포함한 다양한
남성적 활동에 능했다. 전투 기술은 양궁, 원반던지기, 역도,
레슬링과 같은 스포츠로 발전했다.

콜카타에서 가장 큰 도심 공원인 마이단에서 즐기는 크리켓.

인도에서 레슬링은 단순한 스포츠가 아니라 삶의 방식이다. 남성들은 펠와니(북인도)나 칼라리파야트(남인도) 기술을 배우기 위해, 필요한 규율을 익히고 구루에게 헌신한다.

유도와 가라테의 전신이 되는 무술의 형태는 인도에서 기원하여 불교 승려들을 통해 아시아 전역으로 퍼져 나갔다.

서양에서 널리 알려지고 플레이되는 파치시, 체스, 카드 게임, 뱀과 사다리 게임 등은 모두 고대의 인도 보드게임에서 유래했다.

【 크리켓 】

인도에는 크리켓과 영화라는 두 개의 종교가 있다는 말이 있다. 공식적인 국가 스포츠는 하키이지만, 인도인들은 크리켓에 대한 열정이 대단하며 인도 크리켓 관리 위원회는 세계에서 가장 부유한 크리켓 위원회다. 크리켓 경기가 진행 중일 때는 온 나라 사람들이 TV나 라디오 앞에 모이거나 휴대폰을 연결해 팀을 응원하는 모습을 볼 수 있다.

【 요가 】

힌두교에서 자아실현은 물리적인 것과 형이상학적인 것의 관계를 이해하는 것이 필요하다. 서양에서 체력 단련의 수단으로써 인기 있는 요가는 '브라만과의 합일'을 의미하는 것으로 힌두교의 수행법이다. 요가는 신체를 다스리고 영혼을 고양하는 수단으로 호흡 조절, 특정 자세, 절제된 감각을 결합한 것이다.

【연날리기】

인도에서 연은 단순히 아이들의 놀이 도구가 아니다. 중국 여행자들이 소개한 연 만들기와 연싸움은 수 세기에 걸쳐 아버

락샤 반단 축제를 위해 연을 준비하는 젊은 남성들.

지에게서 아들에게 전해 내려오는 기술이다. 대나무와 얇은 종이로 만들고 한 줄로 조종하는 마름모꼴의 파탕이 가장 일반적이다. 이런 형형색색의 꼬리 없는 수백 개의 연이 락샤 반단 축제(17페이지 참조)와 독립기념일 동안 지붕 위를 날아다니는 모습을 볼 수 있다. 목표는 다른 연의 줄을 끊고 마지막까지 살아남는 연이 되는 것이다. 매년 1월에 열리는 아마다바드 연 축제에는 전 세계에서 연싸움 선수들이 모여든다.

【 야외 활동 】

인도의 지형은 스노클링부터 스키까지 다양한 활동을 가능하게 한다. 하지만 인도인들은 일반적으로 자연을 즐기는 편은 아니다. 인도에 104개의 국립공원과 540개 이상의 야생동물 보호구역이 있음에도 불구하고, 캠핑과 하이킹은 흔한 여가 활동이 아니다. 안다만니코바르제도에 국립공원과 야생동물 보호구역이 가장 많이 집중되어 있다.

히말라야산맥은 인도 북쪽 국경을 따라 뻗어 있다. 하지만 멋진 경치를 보기 위해서라면 꼭 에베레스트산만 오를 필요는 없다. 다르질링을 방문하거나 나이니탈 주변 언덕을 하이킹하는 것만으로도 숨 막힐 듯 아름다운 장관을 접할 수 있다.

인도인 대다수는 수영을 할 줄 모른다. 그럼에도 사람들은 인도의 수많은 강과 아름다운 폭포나 수천 마일에 달하는 해안선을 따라 피크닉을 즐긴다. 고아와 일부 인기 있는 관광 해변을 제외하고는 인도 성인들은 물에 들어갈 때도 옷을 입고 있다. 수영을 계획 중이라면 몸을 가릴 준비를 하고 어떤 옷을 입든 주목받을 준비를 해야 한다.

꼭 가 봐야 할 명소들

인도에는 문화적으로나 자연적으로 매력적인 명소가 너무나 많지만, 특히 놓치지 말아야 할 몇 곳을 소개한다.

【북부】

올드델리와 **뉴델리**는 반드시 방문해야 할 곳이다. **아그라**는 타지마할과 아그라 요새부터 인근 파테푸르 시크리(승리의 도시)에 이르기까지 건축적 경이로움으로 가득하다. **바라나시**는 갠지스 강에서 가장 신성한 힌두교 성지다. **사르나트**는 부처가 첫 설법을 행한 곳으로 아소카 기둥이 위치한 곳이다. **나이니탈**은 아름다운 언덕이 있는 많은 휴양지 중 하나다. 하이킹하며 히말라야를 감상하고, 보트를 타며 평화로운 나이니호수를 즐기거나, 스리 오로빈도 아쉬람(종교 공동체)을 방문해 보자. **카주라호**에는 힌두교 사원들과 에로틱한 조각상들이 있으며, **암리차르**에 있는 시크교 황금 상원은 장엄한 역사 유적지다.

【 동부와 북동부 】

콜카타에서는 마더 테레사의 빈민과 병자들을 위한 집과 칼리 여신에게 동물 제물을 바치는 칼리가트 사원을 방문할 수 있다. 다르질링 히말라야 철도의 증기 기관차 '토이 트레인'은 히

아삼에서 열리는 카지란가 코끼리 축제를 위해 줄을 서 있는 모습.

말라야의 경치를 품고 **실리구리**에서 **다르질링**까지 운행된다. **아삼**에서는 인도코뿔소가 가장 많이 서식하는 카지란가 국립공원을 방문하고 코끼리 축제를 즐길 수 있다.

【남부】

코치(코친)에는 유명한 중국식 어망, 케랄라 백워터, 인도에서 가장 오래된 유대인 정착지가 있다. **마두라이**에는 남인도 힌두교 건축의 정수를 보여 주는 스리 미낙시·순다레슈와라르 사원이 있다. 인도반도의 최남단인 **코모린곶**은 **카니아쿠마리**라고도 불리며, 벵골만, 아라비아해, 인도양이 만나는 지점이다.

【서부】

라자스탄은 다채로운 도시들로 가득하다. '블루시티'로 알려진 **조드푸르**, 아름다운 '핑크시티'인 **자이푸르**에서는 호랑이 요새(나하르가르 요새)와 **우다이푸르**의 하얀 궁전, 멋진 호수와 정원을 찾아볼 수 있다. **고아**는 해변이 가장 유명하지만, 수많은 야생동물 보호구역과 두드사가르(밀크 씨) 폭포도 놓칠 수 없다. **마하라슈트라의 엘로라 석굴**은 세계 최대의 암굴 수도원이며, 고대 예술로 가득한 **아잔타 석굴**은 유네스코 세계 문화유산이다.

【 안전한 관광 】

버스와 기차, 관광 회사는 수백만 명의 사람들을 인도의 유명한 역사적·종교적 명소, 휴양지로 실어 나른다. 인도인 관광객과 순례자들 사이에 외국인 관광객과 휴가 중인 외국인 거주자들이 섞여 있으며, 그들이 단체 관광버스를 타든 기차와 택시를 이용해 혼자 다니든 시선을 끈다. 외국인인 당신은 무허가 여행 가이드나 거지, 소매치기, 사기꾼을 만나기 쉽다.

여행 가이드는 개인이나 소규모 그룹에게 서비스를 제공한다. 공인 여행 가이드는 신분증을 소지해야 하지만, 증표는 위조될 수 있다. 역사적 명소에서 종종 제공되는 안내서에는 투어와 여행 가이드에 대한 정보가 요금과 함께 명시되어 있다. 미리 돈을 지급해서는 안 되며, 누구에게도 소지품을 맡기면 안 된다. 기념품 가게로 끌려가거나 다른 장소로 택시를 타고 이동하도록 강요당하지 말고, 투어 끝에 원래 견적보다 더 많은 금액을 내지 않도록 조심하자. 이런 것들은 모두 당신이 절도나 그 이상의 위험에 처할 수 있는 징후일지도 모른다. 또한 더러운 행색에 웃는 얼굴의 아이들이 영어로 친근하게 말을 걸며, 몇 루피를 얻어 내려고 할 수 있다. 거리에서 누군가 밀쳤다면, 아마도 소매치기를 당한 후일 것이다. 인도인들은 매우 붐비는 상황을 제외하고는 다른 사람과의 신체적 접촉을 피하기 때문이다.

문화 체험

【 종교와 역사 】

인도는 종교나 역사에 관심 있는 사람들에게는 천국과 같다. 종교적인 기념행사가 거의 매일 열리며, 성지와 도시가 부족하지도 않다. 5,000년에 이르는 기록된 역사는 나라 곳곳에서 매혹적인 발견을 가능하게 한다.

델리와 아그라는 무굴 제국의 역사를 소개하기에 완벽한 곳으로, 유명한 요새가 있으며 당연히 타지마할도 이곳에 있다. 바라나시, 사르나트, 보드가야, 하리드와르, 암리차르, 마두라이 등 사원과 영적인 역사로 유명한 도시들은 인도인뿐만 아니라 외국인 관광객들에게도 인기 있는 관광지다.

유명한 관광지 경로 밖에 있는 많은 성지는 더 많은 제약이 있을 수 있으며, 관광객에게 덜 관대할 수 있다. 종교 시설에 들어가고 싶다면, 신발을 벗어 밖에 두고 여성이라면 머리를 가리도록 하자. 반바지나 민소매 셔츠를 입고 있다면(남성이든 여성이든), 적절한 복장을 갖춰 입은 날까지 방문을 미루자. 일부 사원과 모스크는 해당 종교 외의 사람들이 입장하는 것을 허용하지 않으므로, 힌두교도나 이슬람교도가 아닌 경우에는 들어가기 전에 미리 확인해야 한다.

유심히 살펴보고 다니다 보면 인도의 종교적 장소 중 작은 것, 즉 사당들을 발견할 수 있다. 남인도에서 다리를 건널 때

타지마할은 무굴 황제 샤 자한이 사랑하는 아내 뭄타즈 마할의 무덤을 안치하기 위해 1632년에 의뢰해서 건립한 것이다.

보이는 것, 북인도에서 나무 둥치 아래 숨겨져 있는 것, 혹은 산악 지역의 언덕 꼭대기에서 볼 수 있는 것들이다. 이런 성스러운 장소들은 크고 매끄러운 돌이나 조각상으로 표시되어 있다. 그리고 화환이나 금잔화 조각으로 덮여 있으며, 붉은색 가루를 사용한 손가락으로 그린 그림이나 작은 기름 초로 둘러싸여 있는데, 이는 그 지역의 신으로 여겨지며 숭배되고 달래어지는 신들과 여신들 또는 성인들이나 영혼들의 집이다. 사람들은 이곳에 와서 과자와 꽃을 바치며 보호와 축복을 구한다. 이 사당들은 보통 잘 알려진 신들의 사원들 옆에 자리 잡은 경우가 많다.

【 예술 】

인도의 문화적 다양성이 가진 풍부함과 아름다움은 고대 건축과 회화, 음악, 춤, 공예품뿐만 아니라 현대 미술과 음악, 패션, 영화에서도 분명하게 드러난다.

【 음악 】

수천 년 동안 인도인들은 그들의 강렬함과 열정, 헌신 그리고 우아함을 음악에 쏟아 왔다. 복잡한 음향 패턴과 풍부한 색

채, 이국적인 춤, 손뼉 치는 군중, 짙은 향이 모든 감각을 사로 잡는 동안 음악가와 청중 모두가 그 경험에 빠져든다. 외국인 대부분은 인도 고전 음악의 미묘함과 아름다움을 감상하기 위해서 마음과 정신 모두를 조정하는 과정이 필요한데, 이것 이 바로 이 음악의 목적이자 힘이다.

모든 인도 고전 음악과 많은 현대 음악의 구성에서 음조의 토대는 라가(힌디어)나 라감(타밀어)으로, '색'이나 '열정'을 의미한 다. 라가는 멜로디를 만드는 데 사용되는 연속된 5~7개의 음 표다. 서양 음악과 달리 인도 고전 음악에는 절대적인 음정이 없다. 음악가는 다른 모든 음표에 어울리는 하나의 음을 선택 한다. '탈'이라고 하는 리듬이 두 번째 필수 요소다. 세 번째 요 소인 '드론'은 일반적으로 현악기로 연주된다. 드론은 음악의 기반이 되며, 노래 전체에 걸쳐 공명하는 음을 중심으로 하모 니를 만들어 낸다.

즉흥 연주는 인도 고전 음악의 독특한 측면이다. 이는 가르 침과 훈련 그리고 스승에게서 전수한 비법을 통해 익혀야 하 는 예술이다.

인도 음악의 많은 부분이 종교적 헌신을 표현하기 위해 작 곡되었다. 바잔은 일반적으로 사원 안팎이나 종교 행사에서

들을 수 있는 단순하고 시적인 노래나 찬송가를 말한다.

페르시아에서 인도로 전해진 기잘은 영적인 노래일 수 있지만, 대부분은 음악에 맞춘 로맨틱한 낭송인 경우가 많다.

영화 음악(필미 상기트)은 한때 인도 음악 판매 시장에서 아주 큰 부분을 차지했었다. 많은 노래가 영화에 삽입된 적이 한 번도 없었지만, 너무 인기가 있어서 별도의 장르로 분류되었다. 인도 팝 음악(인디팝)은 1970년대 후반에 등장하여 인도 고전 음악과 민속 스타일의 음악, 영화 고전 음악의 리믹스에 계속해서 활기를 불어넣었다. 하지만 인도 랩과 MTV 인도의 등장으로 모든 것이 바뀌었다. 지난 몇 년 동안, 언더그라운드 음악이던 인도 힙합과 랩 아티스트들은 이제는 가장 빠르게 성장하는 장르로 부상했다. 인도 디아스포라에서 탄생한 '데시 힙합'은 전 세계적으로 일어나고 있는 정체성(인종, 성별, 문화)의 변화에 관해 이야기한다.

기술의 변화 또한 인도 음악에 영향을 미쳐서 디지털화되었으며, 이는 음반 사업 수익의 91% 이상을 차지하고 있다. 인도는 세계에서 두 번째로 큰 스마트폰 시장이며, 가장 큰 음악 시장 중 하나는 벨소리다.

【춤】

춤에는 대개 보컬과 악기가 함께한다. 전통적으로 인도에서는 8가지 지역 춤 형식이 '고전'으로 받아들여진다. 하지만 주의 증가와 언어 기반 민족주의의 부상과 함께 그 수가 증가하고 있다. 카탁은 '스토리텔러'를 의미하며, 무굴 시대 동안 북인도에서 발전한 것으로 원래는 왕의 궁정에서 기녀들이 공연했다. 카타칼리(케랄라)는 힌두 서사시 라마야나와 마하바라타, 고대 푸라나 이야기를 전한다. 마니푸리(마니푸르)는 비슈누 신의 삶에 관한 이야기를 묘사한다. 시트리야(아삼)는 비슈누를 기리는 15세기의 춤 형식이다. 모히니아탐(케랄라)은 비슈누의 매혹적인 여성 아바타인 모히니의 춤이다. 사트리야 쿠치푸디(안드라프라데시)는 독특하게 말과 움직임을 결합하여 힌두 시화를 극화한다. 오디시(오리사)는 인도에서 가장 오래된 고전 무용이다. 오디시 무용수의 조각은 콘나크의 태양 신전에서 찾아볼 수 있다. 오디시와 바라트나트얌(타밀나두)은 '사원 춤'으로 여겨지는 유일한 두 가지 고전 형식이다. 이들은 역사적으로 사제를 섬기고 귀족을 즐겁게 해 주는 어린 소녀들인 데바다시에 의해 공연되었으며, 소녀들은 가족에 의해 신에게 '시집' 가는 것으로 바쳐졌다. 다른 춤 형식으로는 비후(아삼), 방그라(펀

손동작(무드라)은 묘사된 인물들의 이야기와 감정을 전달한다.

자브), 페리니 시바탄다밤(텔랑가나) 등이 있다.

　인도에는 매우 다양한 형태의 민속춤이 있으며, 그중 많은 춤이 여전히 종교와 계절 축제뿐 아니라 특별한 지역 행사에서 공연된다. 화려한 의상과 전통적인 머리 장식 혹은 보석류는 이러한 지역 춤이나 부족 춤에 화려함과 반짝임을 더해 준다.

【 영화 】

영화는 인도에서 가장 유명한 예술 형식 중 하나다. 매년 20개 이상의 언어로 2,000편에 달하는 영화가 제작되는데, 이 모든 영화가 발리우드에서 나오는 것은 아니다. 지역 영화 제작이 증가하고 있으며, 미국에서 중국에 이르기까지 국제 시장으로의 다각화가 이루어지고 있다. 현재 인도 영화의 거의 3분의 1이 북미에서 촬영되고 있다. 이렇게 많은 영화가 제작되다 보니 대부분이 표준 공식을 기반으로 할 수밖에 없다. 즉, 소년이 멀리서 소녀를 사랑하다가, 소년이 소녀를 만나고, 비극이 닥쳐오며, 사랑으로 모든 것을 극복하거나 아무도 행복하게 살지 못하는 이야기다. 물론 항상 노래와 춤이 있지만, 때로는 전혀 나오지 않기도 한다. 하지만 이것이 바로 언어를 이해하지 못하더라도 힌디어 영화를 흥미롭게 만드는 요소일 것이다.

가치 있는 영화들이 대중 속에 묻혀서는 안 된다. 힌디어, 타밀어, 벵골어, 칸나다어, 말라얄람어, 마라티어, 텔루구어 영화는 계속해서 호평받는 작품들을 제작하고 있다. 1950년대 후반, 사티야지트 레이가 감독한 3부작 벵골어 영화인 '아푸 3부작'은 수많은 상을 받았으며, 역대 최고의 영화 중 하나로 인정받는다.

모든 영화가 원작 시나리오를 바탕으로 제작되는 것은 아니다. 많은 영화가 서양의 고전 영화나 이야기를 살짝 각색한 작품들이다. 〈블랙〉(2005)은 부분적으로 헬렌 켈러의 이야기를 바탕으로 한다. 제인 오스틴 소설을 바탕으로 한 영화들도 인기가 많다. 〈브라이드 앤 프레주디스〉(2004)는 제인 오스틴 소설의 코믹 버전이며, 〈아이샤〉(2010)는 인도 버전의 엠마이며, 〈칸두콘다인 칸두콘다인〉(2000)은 〈센스 앤 센서빌리티〉의 타밀어 각색판이다. 최근 미국 영화의 리메이크 작품으로 〈사르카르〉(2005)는 〈대부〉(1972)를, 〈파트너〉(2007)는 〈히치〉(2005)를, 〈헤이 베이비〉(2007)는 〈세 남자와 아기〉(1987)를, 〈유브라즈〉(2008)는 〈레인맨〉(1988)을, 〈람보〉(2018)는 1982년의 블록버스터 영화 〈람보〉를 바탕으로 하고 있다.

지난 몇 년 동안 인도의 극장과 관객 모두 변화했으며, 이에 따라 인도 영화도 변화하고 있다. 멀티플렉스 영화관이 단일 스크린 영화관을 대체했다. 위성 TV와 인터넷은 다양한 형태의 대형 및 소형 스크린 제작물에 대한 문을 열었다. 중산층의 소득과 여가 시간의 증가는 영화 산업에 호재가 되었다. 이전에는 젊은 남성들이 한 달에 한 번 모이는 장소였던 영화관이 이제는 가족이 일주일에 한 번 함께 외출할 만한 장소가 되었다.

20세기 말, 대규모 제작비가 투입되는 영화 제작이 급감했다. 필수적인 노래와 춤 장면을 재정적으로 감당하기 어려워지자, 영화 산업은 영어와 수출에서 그 해결책을 찾아냈다.

1980년대와 90년대에 들어서 많은 영어 영화가 제작되었지만, 주제는 여전히 표준 마살라(전형적인 발리우드 스타일)였다. 지난 수십 년 동안 점점 더 많은 영화가 영어와 힌글리시(인도식 영어를 일컫는 말-옮긴이)로 제작되고 있는데, 이는 힌디어와 영어의 언어적 및 문화적 혼합 형태다. 이러한 영화들은 종종 재외 인도인NRI이 제작하거나 감독하며, 거대한 문화 변동 속에서 인도인들의 개인적 정체성, 세대 갈등, 사회적 투쟁과 다양한 감정을 표현한다. 〈몬순 웨딩〉(2001), 〈이름 뒤에 숨은 사랑〉(2006), 〈슬럼독 밀리어네어〉(2008), 〈굿모닝 맨하탄〉(2012), 〈이케아 옷장에서 시작된 특별한 여행〉(2018)과 같은 영화들은 서양인들에게 전통적인 인도 문화의 주제와 현대적인 변화를 교육하는 동시에 즐거움을 선사한다.

인도에서 머무는 동안 영화를 관람하게 된다면, 공동체 경험을 즐길 준비를 해야 한다. 영화 상영 내내 이야기하거나, 휴대폰이 울리거나, 주인공을 응원하거나, 노래를 따라 부르는 것은 무례하거나 이상한 행동으로 생각되지 않는다. 그러니 흐름에 따라 즐기도록 하자. 이 모든 것이 인도에 대한 경험 중 일부다.

인도 도심 안팎의 상점들은 많은 DVD를 보유하고 있는데, 그중 많은 수가 불법 복제품이다. 매년 8,000만 장의 불법 복제 DVD가 판매된다. 대부분 표지 인쇄가 조악해서 쉽게 구별할 수 있다. 물론 불법 복제 금지법이 존재한다. 인도에서 이를 위반하는 사람들은 최대 3년의 징역형과 최대 20만 루피(약 330만 원)의 벌금에 처할 수 있으며, 이는 1인당 평균 소득의 두 배에 달한다. 하지만 실제로는 위반자 대부분이 소액 벌금만 내고, 다시 돌아가 더 많은 불법 복제품을 제작한다.

【 문학 】

힌두교의 서사시와 다른 산스크리트 경전들은 원래 한 세대에서 다음 세대로 전하기 위해 노래되거나 낭송되었던 것들로 종교적 신념과 상관없이 매혹적인 문학 작품이다. 12세기의 〈기타고빈다(목동의 노래)〉와 14세기 시인 툴라시다스와 카비르다스의 작품과 같은 고대 시들은 여전히 알려지고 낭송된다.

많은 사람이 산스크리트어를 주요 문학 언어로 생각하지만, 고전 문학은 인도의 모든 언어로 쓰였다. 타밀어는 기원후 1세기부터 시작되어 산스크리트어보다 앞선다. A. K. 라마누잔은 타밀어 고전을 영어로 번역한 것으로 유명하다. 간디는 1929년에 그의 자서전인 《나의 진리 실험 이야기》를 구자라트어로 썼다. 벵골어는 1913년 노벨 문학상을 받은 라빈드라나트 타고르의 언어였다. 그는 인도의 국가를 포함하여 2,200곡 이상을 작곡하기도 했다. 그의 독특한 인도 고전 음악과 민속 음악의 각색은 새로운 장르인 라빈드라 상기트의 출현으로 이어졌다. 그의 음악과 시, 관점은 인도 음악뿐만 아니라 역사와 문화에도 영향을 미쳤다.

영국 식민지 시대 이후 영어는 인도 고전 문학에서도 인정된 매개체가 되었다. R. K. 나라얀은 남인도의 시골 마을의 삶을 썼다. 물크 라즈 아난드의 소설은 사회적 저항을 다룬다. 살만 루슈디는 《악마의 시》를 출간하며 하룻밤 사이에 악명이 높아졌다. 아룬다티 로이와 아라빈드 아디가는 모두 부커상을 수상했으며, 로이는 《작은 것들의 신》으로, 아디가는 《화이트 타이거》로 수상했다. 《지그재그 웨이》의 저자인 아니타 데사이는 강력한 여성 캐릭터 묘사로 유명하다. 비크람 세스의 《적당한 남자》는 분단 이후의 정치, 종교 갈등, 사회 변화를 헤쳐 나가야 하는 네 가족의 이야기를 들려준다.

즐거운 쇼핑

2002년 이후 쇼핑몰 수는 9개에서 600개 이상으로 증가했다. 일부 대형 쇼핑몰은 두바이를 모방하여 실내 스키장, 워터 파크, 곤돌라를 갖추었다. 그럼에도 대부분의 인도인은 여가 활동보다는 필요에 의한 쇼핑을 계속하고 있다. 전통 시장에서는 한 지역에서 비슷한 종류의 상품을 여러 상점이 줄지어 판매한다. 향신료를 구하고 싶다면 향신료 시장에서, 생선은 생선 시장에서, 금은 골드 걸리(골목)에서, 양동이와 상자는 플라스틱 골목에서 구매하면 된다.

만약 쇼핑에 관심이 있다면, 시간을 보낼 곳이 충분할 것이다. 지역마다 고유한 특산품이 있다. 라자스탄에서는 거울 장식 걸개, 페이퍼 마쉐 인형, 발끝이 구부러진 전통 신발, 보석, 앤티크 가구를 찾을 수 있다. 카르나타카는 샌달우드 비누, 향수, 조각품으로 유명하다. 바라나시와 첸나이는 모두 비단으로 유명하며, 카슈미르는 자수 숄과 의류가 유명하다. 독특한 직물과 전통 악기, 다르질링 차, 향신료 등 집으로 가져가고 싶은 아이템들이 있을 것이다. 이들은 현지에서 직접 구매하거나 델리의 멋진 상점들에서도 모두 찾을 수 있다.

쇼핑 시간과 휴무일은 상점 주인의 종교적 신념과 기념하는 휴일, 가족의 필요와 상황에 따라 다르다.

【 쇼핑 경험 】

인도에서 여성의 첫 번째 우선순위는 최신 살와르 카미즈 패션을 '재봉'할 수 있는 재단사를 찾는 것일 수 있다. 면과 '테리코튼(면과 폴리에스터 혼합)', 실크로 스타일과 체형, 예산에 맞춰 의상을 만들 수 있다. 당연히 기성복도 구매 가능하다.

쇼핑하다 보면, "아니오"라는 말을 꺼리는 인도인들의 성향을 경험할 수 있다. "아니오"라고 말하는 것은 상인으로서 자신의 평판과 고객과의 관계를 잃는 것을 의미하기 때문이다. 일부 상인들은 요청받은 물건을 보유하고 있지 않다는 것을 당신이 이해하기를 기대하며 다양한 회피 방법을 시도할 것이다. 메시지를 이해하는 것은 고객인 당신의 책임이다. 상인들은 다른 것을 팔려고 할 수 있고, "내일 다시 오세요"라고 말할 수도 있다(다시 가도, 물건은 여전히 없을 것이다). 운이 좋다면, "1분만 기다리세요"라고 말하고 다른 상점으로 뛰어가서 몇 분 후에 당신이 원하는 물건을 가지고 돌아올 것이다.

【 흥정 】

쇼핑몰과 대형 매장에서는 가격이 고정되어 있지만, 다른 곳에서는 흥정이 흔하다. 그러나 정말로 구매할 의사가 있을 때만 시작해야 한다. 우선 다른 상점을 방문해 가격대에 대한 감을 잡는다. 그래도 여전히 현지인보다 더 높은 가격을 제시받을 테니, 인도인 친구와 함께 가서 대신 말하게 하자. 비용을 절약하고, 다음번을 위한 흥정 기술을 조금 배울 수 있다.

여러 가지 물건을 살펴보고, 상점 주인에게 물건에 대해 질문해 보자. 원하는 것을 찾았을 때, 너무 관심 있는 것처럼 보여서는 안 된다. 가격을 물어보고, "이제 제일 좋은 가격인가요?"라고 말해 보자. 그러면 상인은 약간 낮은 금액을 제시할 것이다. 그러면 "아, 너무 비싸요!"라고 말하자. 상인이 "얼마를 내고 싶은데요?"라고 물어본다면, 원래 가격의 절반이나 3분의 1에 해당하는 금액을 제시하고 조금 더 낼 의사가 있음을 밝히자. 상인이 거절한다면 문 쪽으로 이동하자. 그러면 상인은 가격을 조금 더 낮출 것이고, 당신은 원했던 가격보다 살짝 올리면서 양쪽 모두에게 허용되는 가격에 도달할 때까지 흥정을 계속하면 된다. 찾은 물건을 놓치고 싶지 않다면, 자리를 떠나서는 안 된다. 다시 돌아오면 상인은 원래 가격을 요구할 것이다. 어떤 곳에서는 제시된 가격의 절반 이하로 구매할 수 있는데, 특히 대량 구매나 그날의 첫 손님일 경우(길조로 여겨짐) 그렇다. 그러나 터무니없는 가격을 제안하며 악용한다면 악감정만 생길 것이다. 그러니 가볍고 즐겁게 흥정하고, 상대방이 생계를 위해 노력하고 있다는 것을 기억하자.

【환전】

환전의 번거로움과 비용 때문에 여행 시작 시 공항에서 많은 금액을 환전하는 것이 가장 좋은 방법일 수 있다. 환전하기에는 미국 달러와 영국 파운드가 가장 쉽다. 대도시에서는 신용카드와 직불카드를 사용할 수 있으며, ATM과 환전 키오스크를 많은 곳에서 찾을 수 있지만 루피를 사용하는 것이 문제가 될 여지는 없다. 정전이 발생하거나 신용카드를 분실하거나 도난당했을 경우 현금이 필요할 것이다.

하나 경고하자면, 무허가 환전소가 많다. 안전을 위해 거리에서 접근하는 사람과 환전해서는 안 된다. 공항 환전소나 은행을 이용하자. 은행 영업시간은 월요일부터 금요일까지, 오전 10시부터 오후 2시까지다. 줄 서서 기다릴 것을 예상하고, 여권을 준비하도록 하자.

07

여행, 건강, 안전

인도에는 비행기, 기차, 버스, 택시, 자동차, 스쿠터, 낙타, 코끼리, 소가 끄는 수레, 말이 끄는 통가
를 비롯해 오토 릭샤, 사이클 릭샤, 인력 릭샤 등 모든 교통수단이 있다. 1990년대 초반 이후, 급속
한 경제 성장은 교통 인프라와 서비스에 대한 끊임없이 증가하는 수요와 맞물렸다.

인도에는 비행기, 기차, 버스, 택시, 자동차, 스쿠터, 낙타, 코끼리, 소가 끄는 수레, 말이 끄는 통가를 비롯해 오토 릭샤, 사이클 릭샤, 인력 릭샤 등 모든 교통수단이 있다. 1990년대 초반 이후, 급속한 경제 성장은 교통 인프라와 서비스에 대한 끊임없이 증가하는 수요와 맞물렸다. 인도 내 여행에 드는 비용은 비교적 저렴함에도 열악한 도로와 노후된 철도 시스템, 혼잡한 공항, 전반적인 질서 부족과 위생이 문제가 되었다. 정부는 국도와 농촌 도로를 개선하고 도로 유지 보수를 위해 노력한다. 세계은행도 도로와 철도 업그레이드에 대규모로 투자하고 있으며, 공항은 지상과 공중에서 진전을 이루기 위해 민영화되고 있다.

인도의 교통 옵션을 탐색하고 여행 중 자신과 소지품을 돌보는 데에는 노력이 필요할 것이다. 그러나 올바른 정보, 좋은 태도와 도움을 요청할 의지만 있다면 여행 자체가 인도 체류 중 잊지 못할 소중한 경험이 될 것이다.

비자

2014년 인도는 도착 시 전자 비자 시스템을 도입했다. 현재 166개국의 국민은 온라인으로 전자 비자를 신청할 수 있다. 다년간 유효한 관광 비자는 비자 서비스나 영사관을 통해 사전 신청하는 경우 이용할 수 있다. 비자 관련 법이 자주 변경되므로 최신 정보는 인도 총영사관에 문의하는 것이 가장 좋다.

입국

인도에 도착하면 받게 될 충격에 대비해야 한다. 군중들과 소리, 냄새의 과잉 자극은 경험이 많은 여행자조차도 자기 능력과 정신 상태를 의심하게 만들 수 있다. 공항은 말 그대로 혼돈 상태다.

밖으로 나가면 파도처럼 열기가 덮쳐 온다. 그리고 당신을 손님으로 받으려고 경쟁하는 택시 기사들의 무리에 둘러싸일 것이다. 지저분해 보이는 아이들이 옷소매를 잡아당기며 구걸할 것이다. 소변 냄새가 섞인 오염된 공기는 압도적이며, 소음은 귀가 먹먹해질 수준이고, 몸과 마음에 가해지는 완전한 공격으로 인해 생각하기가 어려워질 것이다. 이런 이유로 다음에 무엇을 할지에 대한 몇 가지 결정을 미리 해 두어야 한다. 사전 준비는 인도에 도착하자마자 겪게 될 스트레스를 완화해 줄 것이다.

항공

인도에는 20개의 국제 공항과 80개의 국내 공항이 있다. 정부 소유의 인도 항공이 2005년까지 독점했지만, 그 이후 민간 항공사의 운항이 허용되었다. 경쟁은 항공료와 서비스 개선을 촉진했으며, 국내선 항공 여행이 매우 저렴해졌다. 민간 항공사의 증가로 항공 여행량이 계속해서 증가하고 있다. 이는 더 많은 곳을 더 빠르게 이동하고 싶어 하는 사람들에게 좋은 소식이지만, 인도 공항은 증가하는 수요를 처리할 인프라가 부족하다. 아시아 태평양 항공 센터에 따르면, 인프라와 항공기에 대한 대규모 투자 없이는 향후 수년 내에 항공 여행 수요가 공항 수용 능력을 초과할 것으로 보인다.

도로

인도는 세계에서 두 번째로 큰 도로망을 보유하고 있다. 총 637만 km의 주요 간선도로가 있으며(2023년 기준), 이 중 고속도로는 2025년까지 총 길이를 20만 km로 늘릴 예정이다. 도로는 여전히 인도 내 여행객의 90%와 화물의 65%를 운송한다. 도로 수는 증가했으나 도로의 품질은 그렇지 못하다. 대체로 도로는 부실하게 건설되고 유지 보수가 엉망이며, 좁고 혼잡하다. 세계은행에 따르면, 인도 도로의 단 20%만이 양호한 상태다.

【택시】

선불 택시는 공항이나 기차역에서 호텔이나 게스트하우스까지 가는 가장 안전한 방법이다. 합법적인 운전기사와 미터기로 볼 수 있는 표준 요금을 보장받을 수 있다. 팁은 필요 없지만, 수하물 한 개에 소액의 요금이 추가될 수 있다. 선불 카운터에 문의하도록 하자.

새로운 차들이 택시 분야에 진입하고 있다. 그러나 택시 대부분은 여전히 1950년대 중반부터 만들어진 노란색이나 노란색과 검은색의 프리미어 파드미니와 힌두스탄 앰배서더로, 두 차종 모두 에어컨이 없다. 프리미어 파드미니를 제조한 회사는 1990년대 후반에 폐업했지만, 이러한 오래된 차들은 여전히 인도 도로에서 신뢰받는 주력 차량들이다. 각 택시의 상단에 그려진 '알라 후 아크바르', '람 사티야 남'이나 '하나님은 주님'이라는 슬로건들은 운전기사가 소속된 종교를 보여 준다. 택시 안에는 운전기사의 가족사진이 선바이저에 꽂혀 있고, 운전사가 섬기는 신의 작은 사진이나 종교적 상징물이 창문이나 대시보드에 붙어 있으며, 액운을 막기 위한 종교적 장식품이 후방 거울에 달린 것을 볼 수 있다. 주변을 살펴보면서 문제가 발생할 때를 대비해 운전면허증에 게시된 운전기사의 이름과 ID 번호를 적어 두자.

가는 길에 운전기사가 호텔을 찾을 수 없거나 호텔 예약이 꽉 찼다고 말하며, 다른 호텔로 데려다주겠다고 제안할 수도 있다. 이렇게 말하는 것은 사기다. 그가 계속해서 그 장소를 모른다고 주장하면, 선불 카운터로 돌아가 다른 택시를 타겠다고 말하자. 원하는 목적지에 내려 주거나 온 곳으로 다시 돌아갈 때까지 선불 카운터에서 받은 영수증을 주어서는 안 된다. 그 영수증이 운전기사가 받는 요금을 보장하기 때문이다.

대부분의 대도시 택시 운전사들은 목적지를 이해하며, 미터기에 요금이 표시되는 것과 별도로 요금을 알려 줄 정도의 영어를 구사한다. 일부 운전사들은 목적지로 가는 길에 도시 투어를 해 주겠다고 제안할 수도 있다. 특히 도움이 되었거나 친절했다면, 팁을 주는 것도 좋다.

직장이나 학교에 가거나, 관광객으로 도시를 방문하는 동안 택시를 정기적으로 고용해 이용할 수 있다. 일반적으로 택시는 정시에 도착해 원하는 목적지까지 어려움 없이 데려다줄 것으로 믿을 수 있다. 택시 운전사가 가는 길에 다른 승객을 태울 수 있는지 물어볼 수도 있다. 이는 흔한 관행이지만, 안전과 마음의 평화를 위해 거절해도 전혀 문제 될 것이 없다.

【 오토 릭샤와 차량 공유 서비스 】

택시보다 저렴하고 더 기동성이 좋은 인도의 노란색과 검은색 오토 릭샤는 어디에나 있다. 문이 없고, 오토바이 엔진을 단 삼륜 택시인 이 작은 차량은 12명의 승객을 태우는 것으로 알려져 있다. 하지만 이들은 혼잡한 교통 상황에서 공해로부터 보호해 주지는 않는다. 코와 입을 감쌀 손수건이나 가벼운 스카프를 가지고 다니며, 이 재미있는 교통수단을 통해 가까운 거리에서 혼자만이 볼 수 있는 경치를 즐겨 보자. 천식과 다른 건강 문제가 있는 사람들에게는 최선이 아닐 수 있다.

우버를 비롯해 올라(도시 내)나 블라블라카(도시 간) 같은 차량 공유 서비스들이 주요 도시에서 점점 더 많이 이용 가능해지고 있으며, 택시보다 저렴한 또 다른 대안을 제공한다.

【운전】

인도의 자동차 산업은 급속도로 확장되고 있다. 2억 3,000만 대 이상의 자동차가 도로를 달리고 있으며 이 수는 매년 증가

뉴델리의 사이클 릭샤와 오토 릭샤.

하고, 2017년에는 200만 대 이상의 자동차가 판매되었다. 타타, 힌두스탄모터스, 마루티와 같은 인도의 주요 제조업체 외에도 포드, 혼다, 피아트, MG모터스, 기아 등 다른 업체들도 시장 점유율을 노리고 진출하고 있다. 그럼에도 인도 가정의 대략 5%만이 자동차를 소유하고 있다.

운전은 인도인에게 맡기는 것이 가장 좋지만, 주요 도시에서는 운전기사 포함 여부와 관계없이 차를 렌트할 수 있다. 도로 교통 및 고속 도로국에서 게시한 공식 규칙과 규정이 있으며, 이를 숙지해야만 한다. 인도 도로에서 운전은 좌측통행이다.

몇몇 예외는 있지만, 대체로 도로는 좁고 포트홀이 많다. 소와 개가 도로를 차지하고 있을 수 있으며, 이는 심지어 도시에서도 마찬가지다. 중앙선이나 차선 표시는 큰 의미가 없으며, 어떤 틈도 가능한 '차선'이 될 수 있다. 방향 지시등은 드물며, 경적을 잘 울린다. 신호등이 작동하는 교차로에서도 경찰관이 교통을 통제할 수 있는데, 이는 단순히 신호등이 무시당할 수 있기 때문이다. 여행 중 몇 번은 능숙하게 교통 정리를 해 줄 일부 용감한 남성들의 도움이 필요할 정도로 복잡한 교통 체증에 갇히게 될 수 있다.

사고에 연루되거나 경찰에 의해 어떤 이유로든 정차될 경우, 엄청난 벌금형이나 징역형에 처할 수 있다. 하지만 합리적인 뇌물은 아마도 거절되지 않을 것이다.

인도 전역에 공공 교통 시스템이 어느 정도는 갖춰져 있지만, 원하는 속도로 이동하거나 버스 여행의 불가피한 군중과 지연, 혹은 택시의 지리적 제한 없이 먼 곳으로 가고 싶다면 운전기사가 있는 차를 렌트하는 것이 좋다. 차와 함께 운전기사를 고용하는 것은 비교적 저렴하며, 여전히 어떤 아드레날린 중독자에게도 충분한 스릴을 제공할 것이다. 또는 페이스북으로 로그인하는 차량 공유 서비스인 블라블라카를 이용하여 같은 방향으로 가면서 당신을 태워 줄 사람을 찾아볼 수도 있다.

【버스】

버스는 저렴한 여행 방법이지만, 비용에 맞는 서비스를 받게 된다. 끊임없는 정차와 비좁은 좌석, 울퉁불퉁한 도로, 버스나 버스 정류장에는 '시설'이랄 것이 없다.

시내버스는 혼잡하고 무질서하며 더럽다. 모두가 안으로 들어가기 위해 밀고 밀치며, 요금을 내기 위해 주머니에서 잔돈을 꺼낼 팔꿈치 공간을 확보하는 것조차 종종 불가능하다. 때로는 안내원이 지나갈 수 없을 때도 있다. 그럴 때는 다른 승객을 통해 안내원에게 요금을 전달해야 한다.

소매치기들은 붐비는 승객들 틈에서 눈에 띄지 않게 자신들의 일을 수행한다. 통로에 서 있는 여성들은 성추행당할 위험이 있으며, 소매치기와 변태로부터 자신을 방어하는 방법을 반드시 알아야 한다.

시내버스는 항상 완전히 정차하지 않을 수 있다. 내릴 정류장에서 주저한다면, 밀려 들어오는 승객들 때문에 안으로 밀려들어 다음 정류장에서 문까지 다시 밀고 나갈 용기를 낼 때까지 버스 안에 갇히게 될 것이다.

장거리 버스는 종종 영화와 비디오를 계속해서 상영하는데, 그중 일부는 어린이들에게 적합하지 않을 수 있다. 버스 정류장에서는 다양한 연령대의 노점상들이 차가운 음료와 차이, 간식을 팔기 위해 뛰어든다. 거지들은 돈이나 음식을 구걸하며 창문으로 몰려든다. 버스에서 내려야 한다면, 먼저 운전사에게 확인받아야 한다. 당신이 돌아올 때까지 기다려 달라고 요청하지 않으면, 짐 없이 발이 묶일 수 있다. 또 여성 화장실은 매우 드물다.

몇몇 고속 교통 시스템은 새로운 버스 도입과 에어컨 추가 등 서비스를 개선하기 위해 노력하고 있다.

【 보행자 】

인도에서 머무는 동안 가장 어려운 일 중 하나는 길을 건너는 것이다. 보행자는 우선권이 없다. 차량 흐름에서 틈이 보일 때, 도로 중앙으로 나아가서 자동차와 스쿠터, 오토바이, 버스 들이 지나갈 때까지 기다려야 한다. 가장 안전한 행동은 군중 속으로 비집고 들어가 흐름을 따르는 것이다.

【 사고 】

안타깝게도 인도는 도로 관련 사망률이 세계 최고 수준이다. 통계에 따르면 매시간 18명이 사망하고 있다. 과속, 음주 운전, 안전벨트나 헬멧 미착용, 열악한 도로 설계 및 유지 보수가 주요 요인이다. 최근 세계은행이 인도 정부에 농촌 지역의 7,000km에 달하는 '전천후 도로' 건설을 위해 5억 달러의 대출을 제공한 것이 변화를 가져올 수 있을 것이다.

공격성은 점점 운전 경험의 일부가 되고 있다. 도로에서의 폭력은 인도의 살인 사건 중 10%를 차지한다. 특히 더운 계절에는 짜증과 고함, 위협 행동이 심해진다. 이에 같은 방식으로 대응해서는 안 된다. 비록 외국인에게는 거의 발생하지 않아도 군중이 떼를 지어 스스로 정의를 실현한다고 알려져 있기 때문이다. 그러므로 화난 운전자와 대면하더라도 차에서 내려서는 안 되며, 심지어 부상이 있더라도(당신이 일으킨 사고든 아니든) 마찬가지다. 필연적으로 모여드는 군중 속에서 공격자를 진정시키고 조언해 줄 사람들의 도움을 구하도록 하자.

철도

아시아 최대 규모의 철도 시스템인 정부 소유의 인도 철도는 인도 전역에 약 6만 4,000km의 철로를 보유하고 있다. 약 1만 3,000대의 열차가 매일 2만 3,000명 이상의 승객을 수송한다. 콜카타, 러크나우, 델리, 자이푸르, 뭄바이, 벵갈루루, 코치, 첸나이, 하이데라바드는 모두 지하철 시스템을 갖추고 있으며, 다른 많은 지역에서도 개발 중이다. 항공 여행이 매우 저렴해졌지만, 철도 여행은 인도를 경험하는 매력적인 방법이다.

【좌석 옵션】
철도 여행에는 여러 등급이 있지만, 모든 열차에서 모든 등급을 이용할 수 있는 것은 아니다.

이등석(비지정석)

'진짜 인도'를 가까이에서 경험하고 싶다면 적합한 선택이다. 이등석 여행에는 예약이 필요 없다. 객차는 여러 개의 칸으로 나뉘며 각 칸은 6명을 수용할 수 있도록 설계되었지만, 예약 없이 여행한다는 것은 가능한 한 많은 사람이 끼어 앉을 수 있다는 뜻이다. 이등석에서 여행하는 외국인으로서 당신은 관심의 대상이 될 것이며, 최대한 당신과 가까이 앉고 싶어 하는 사람들이 늘어날 것이다. 칸에는 통로가 있으며, 그 너머에는 두 사람이 앉을 수 있는 또 다른 좌석이 있다. 통로 쪽 좌석은 선택하지 않도록 하자. 끊임없이 오가는 사람들로 인해 발과 짐이 방해되고 소지품은 도둑들의 쉬운 표적이 되기 때문이다.

삼등석(비지정석)

모든 공간이 사람들로 가득 차 있으며, 모든 역마다 더 많은 사람이 기차에 탑승하기 때문에 점점 더 비좁은 공간으로 자리를 옮겨야만 하고 소지품을 더욱 주의 깊게 지켜봐야 한다. 불편한 나무 의자와 좁은 공간으로 인해 삼등석으로 장거리 여행을 하는 것은 피하고 싶어질 수 있다.

침대칸

침대칸 역시 붐비고 시끄러우며 그다지 깨끗하지는 않지만, 예약이 필요하며 낮에는 패드가 있는 좌석을 그리고 밤에는 침상을 확보할 수 있다. 각 객차에는 여러 개의 칸이 있으며, 각 칸에는 6개의 침상과 통로를 따라 2개의 침상이 있어서 가까이 있는 사람과 여행 동반자가 될 수도 있다. 운이 좋지 않게도 통로 쪽 침상을 예약한 경우, 밤에 침대를 내릴 때 양쪽 끝이 막혀 있어 6인실 칸의 침상보다 훨씬 짧다는 것을 알게 될 것이다. 칸 안에서는 낮 동안 중앙 침상이 벽 쪽으로 접혀 있어서 비교적 편안하게 앉을 수 있다. 24시간 내내 내려와 있는 더 높은 등급의 침상을 예약하지 않는 한, 다리를 뻗거나 낮잠을 기대하기는 어렵다.

에어컨 칸: 3A, 2A, 1A

3단 에어컨 칸(3A)은 밀폐되어 있고, 색을 입힌 창문이 있으며, 패딩이 추가된 침대는 물론 에어컨도 있다. 이곳의 칸도 개방되어 있지만, 기차 칸 자체는 밤에 잠기며 승무원이 보호해 허가받지 않은 판매원이나 승객이 들어오지 못하게 한다. 시트 한 장과 얇은 모직 담요, 베개가 제공되며, 티켓 구매 시 예약

했을 경우 음식도 제공된다.

2단 에어컨 칸(2A)은 3A와 동일하지만, 칸당 침대가 4개이며 통로를 따라서는 2개만 갖춰져 있다. 밤에 잠을 잘 때, 침상에 커튼을 내릴 수 있어서 프라이버시를 확보할 수 있다.

일등석 에어컨 칸(1A)의 티켓은 항공 요금만큼 비싸다. 다른 옵션들과 달리, 각 2인실이나 4인실 침상 칸은 내부에서 문을 잠글 수 있다. 통로 침상도 없다.

일부 주간 열차에는 항공 여행의 이코노미석과 비슷한 에어컨 좌석 객차가 있다. 에어컨이 있고 비교적 저렴하므로 많은 사람에게 이등석보다 더 나은 옵션이 된다. 모든 에어컨 칸에서 화장실은 대체로 더 깨끗한 편이다. 에어컨 칸으로 여행하는 것의 유일한 단점은 열차가 도중에 고장이 났을 경우다. 그러면 창문을 열 수 없는 닫힌 객차에 갇히게 되기 때문이다.

이러한 등급의 객차들 대부분에서 열차에 올라타기 위해 몸싸움을 하거나, 지정된 좌석에 다른 사람이 있는 것을 발견해도 놀라지 말자. 사람들은 대개 탑승 때의 혼란이 가라앉을 때까지 기다렸다가 제자리를 찾아가 앉는다. 당신의 좌석에서 비켜 주지 않거나 자기 좌석이라고 주장하는 사람과 문제가 생기면, 안내원이 와서 해결할 때까지 기다리면 된다.

【 여성 전용 칸 】

통근객들은 공간을 확보하기 위해 서로 밀친다. 이는 여성들에게는 굴욕적이지는 않더라도 대개 불쾌한 경험이다. 이런 필요성에 대응하여 많은 교외 열차에는 '여성 전용 칸'이 있다. 여성 전용 칸은 종종 열차 양 끝에 위치하여 찾기 어렵고 들어가기도 어려운데, 특히 아침 출근 시간에는 더욱 그렇다. 남성들이 '여성 전용' 표시가 있는 칸으로 강제로 들어가서 자리를 찾거나 여성 승객들을 괴롭히거나 성추행 또는 강탈을 하는 것은 드문 일이 아니다. 또한 히즈라(159페이지 참조)가 여성 전용 칸에 자유롭게 앉을 수 있는 것에 관한 불만도 존재한다. 많은 지역 열차를 비롯해 모든 장거리 열차에는 '여성 전용 특별' 차량을 구비하고 있다. 밝게 칠해진 이 차량은 직장 여성과 학생의 편안함과 안전을 위해 설계되었으며, 5명의 여성 경찰관과 3명의 남성 경찰관이 순찰한다. 최근 자이푸르는 역 하나를 여성 전용 역으로 전환하여 매표소 직원부터 보안 요원까지 모든 직책에 여성을 배치했다. 걱정은 하지 않아도 된다. 남성들도 그곳을 오가는 것이 허용된다.

· 괴롭힘 대처법 ·

열차에서 괴롭힘을 당한 경우:

- 정중한 언어적 질책으로 문제를 해결할 수 있다고 기대하지 말자.
- 배우자나 가족과 함께 여행하는 남성에게 도움을 요청하자.
- 자신에게 잘못한 것이 있다고 추정하지 말자.
- 즉시 열차 관계자에게 알리고, 공식 불만 기록부에 사건을 등록해 달라고 요청하자.
- 인도 남성들 대다수가 예의를 갖추고 상대를 대하는 정중한 사람들이며, 아버지나 형제처럼 당신을 도와준다는 것을 인식하자.

【 예약 】

모든 칸의 좌석은 사전에 예약할 수 있다. 인터넷(기술적 문제 예상)을 통해서나 역(긴 줄 예상)에서, 혹은 여행사(소액 수수료 예상)를 통해 구매할 수 있다. 이등석이나 삼등석은 예약이 필요하지 않다. 일반적으로 여성 전용 줄을 이용할 수 있으므로, 표지판을 찾거나 여성들만 있는 줄을 찾아보자.

열차 시간표는 읽기 어려울 수 있으며, 역명이 도시명과 다를 수 있다. 같은 목적지더라도 여행 시간이나 경로에 따라 가격이 달라질 수 있다. 여객 열차는 모든 역에 정차하므로 매우 느릴 수 있지만, 급행열차는 두 배 빠른 대신 몇 주 전에 예약해야 한다. 시간표나 게시된 정보 또는 시스템을 읽는 데 도움을 요청하는 것을 부끄럽게 여기지 않아도 된다.

취소 대기 예약을 뜻하는 RAC는 침대칸 좌석 대기 목록에 이름을 올렸다는 의미다(이는 '대기자 명단'과는 다른 것으로, 대기자 명단은 단순히 RAC를 기다리고 있는 것을 뜻한다). 역에 일찍 도착하여 예약 게시판에서 승객 명단을 확인하자. 이름이 명단에 있으면 좌석이 확보된 것이지만, 그렇다고 해서 침대칸이 보장된 것은 아니다. 야간열차는 예약 없이 탑승해서는 안 된다. 이용할 수 있는 침상이나 좌석이 없을 가능성이 높다. 열차에서 내려야 하거나 차량 끝 화장실 밖에 서거나 앉아서 가야 할 수도 있다. 이는 불편할 뿐만 아니라 안전하지도 않다.

【 관광객 카운터와 쿼터제 】

큰 역에는 외국인만 티켓을 예약할 수 있는 별도의 관광객 사무실이 있으며, 에어컨이 있는 편안한 환경에서 모든 질문에 답해 줄 수 있는 직원들이 근무한다. 이런 관광객 사무실에서 티켓을 구매하려면 현금으로 지급해야 할 수도 있다. 현금 결제는 여권과 함께 미국 달러나 영국 파운드, 또는 환전 거래에 대한 은행 영수증을 제시할 수 있는 경우 루피로 할 수 있다. 열차는 일반적으로 만원이므로 가능한 한 사전에 예약하도록 하자. 하지만 관광객 쿼터가 있어 성수기나 긴급 상황에서도 간혹 침대칸을 찾을 수 있다. 관광객 사무실이 없는 경우, 역장이나 역무원 등 해당 역의 책임자에게 문의하자. 이들은 가능한 경우 관광객이나 VIP 또는 긴급 할당 티켓을 판매할 수 있는 권한이 있다.

【 수하물과 사하야크 】

열차의 수하물 허용량은 항공편과 비슷하다. 짐을 얼마나 가져갈 수 있는지는 티켓 등급에 따라 다르므로, 티켓을 구매할 때 이에 대해 확인하도록 하자. 초과 수하물은 상당한 비용이 발생한다. 빨간색 셔츠를 입고 배지를 착용한 '사하야크(쿨리)'는 모든 기차역에서 수하물을 옮겨 주는 사람들이다. 그들은 미소를 지으며 접근해서 터무니없이 비싼 가격으로 가방을 운반해 주겠다고 제안할 것이다. 열차까지 짐을 옮겨 주기를 원한다면, 미리 명확히 해 두어야 한다. 약간의 흥정 끝에 그는 원하는 만큼만 비용을 지불하라고 말하면서 당신의 가방을 집어 들 수도 있다. 하지만 가격에 합의하기 전까지는 짐을 건네지 않도록 하자. 전문적으로 짐을 들어 주는 도움을 받는 것은 몇 루피를 사용할 가치가 있다. 체인과 자물쇠가 있다면, 사하야크는 짐을 좌석 아래에 놓고 당신을 대신해 잠가 줄 것이다.

야간열차 여행 시에는 항상 좌석 아래에 수하물을 놓고 잠가 두도록 하자. 목적지에 도착하기 전에 안내원이 내릴 준비를 하라고 알려 줄 것이다. 아니면 다른 승객에게 역에 가까워지면 알려 달라고 부탁하자. 그때 수하물의 자물쇠를 풀고, 소지품과 티켓을 챙겨 문 쪽으로 이동하면 된다. 역에 들어서면 쿨리들이 당신을 발견하고 수하물을 내려 주고 택시 찾는 것을 도와주기 위해 달려올 것이다.

열차 여행을 시작할 때, 수하물을 맡기는 것도 가능하다. 짐은 별도의 수하물 칸에 실리고, 목적지에 도착하면 지정된 수하물 사무실에서 찾아갈 수 있다. 그러나 번거로울 수는 있어도 기차에 짐을 가지고 타는 것이 가장 좋다. 수하물을 찾기 위해 기다리는 시간과 뇌물을 요구받을 가능성이 있으므로, 좌석 아래에 들어가지 않는 수하물이 아니라면 짐을 미리 맡기는 '편리함'은 거의 가치가 없다.

【 기차 안에서 】

북부와 남부 간의 기차 여행은 3일 이상 걸릴 수 있다. 문화나 언어 학습에 관심이 있거나 풍경을 즐기고자 하거나 혹은 단순히 매우 인도적인 경험을 원한다면, 이 3일을 잘 보낼 수 있을 것이다.

에어컨 칸이나 여성 전용 칸에 타서 잠겨 있거나 경비가 있는 것이 아니라면, 역마다 객차 통로는 인도 철도의 승인을 받은 차이왈라와 간식 판매원들로 가득 찰 것이다. 물건을 구매하고 싶은 경우를 대비해 소액 지폐와 잔돈을 휴대하는 것이 좋다. 역에서 내려 간식을 구매하고 싶다면, 내려서 구매를 마치고 다시 돌아올 시간만큼 기차가 충분히 오래 정차하는지는 누군가에게 확인받는 것이 좋다.

야간 여행 티켓 소지자는 기차에서 식사를 구매할 수 있다. 티켓 구매 시 역에서 확인하거나 기차에 탑승한 후 안내원에게 문의하자. 기본적인 채식 식사가 제공된다. 출발 직후, 저녁 식사와 다음 날 아침 식사 주문을 받으러 올 것이다. 식당 칸은 따로 없으며, 식사는 좌석으로 배달된다. 늦게까지 앉아 있을 수는 없다. 저녁 식사 후에는 모두 잠자리에 들기 때문이다. 눈치를 잘 보지 않으면, 사람들이 침상을 내리고 침구를 정돈할 때 일어나 달라는 정중한 요청을 받게 될 것이다.

전부 남성인 칸에 혼자만 여성이거나 복도 건너편에 다른 성별의 사람이 있는 침상을 배정받을 수도 있다. 인도에서는 프라이버시가 큰 문제가 아니기 때문에, 아무도 그것에 대해 신경 쓰지 않을 것이다.

이른 아침부터 차이왈라가 뜨거운 밀크커피나 차이를 마시겠냐고 물으며 깨울 것이라고 예상하자. 사람들은 아침 일찍 세면장으로 가서 음식을 먹기 전에 세수하고 이를 닦는다.

기차에서 화장실을 사용하는 것은 독특한 경험이다. 빠르게 지나가는 철로를 보며 구멍 위에 쪼그리고 앉아 있는 것은 손잡이를 잡아야 할 것 같은 생각이 들게 한다. 하지만 이런 화장실을 한 번도 사용해 본 적이 없다면, 기차 여행 전에 연습해 두는 것이 좋다. 움직이는 기차에서 균형을 잡으려면 민첩성과 힘이 더 필요하다. 역에서는 화장실 사용이 금지되어 있지만, 일부 역에서는 선로에 떨어진 배설물을 치우기 위한 청소부들이 풀타임으로 일한다.

인도 철도가 승객과 판매원을 제외한 다른 사람들이 기차에 타지 못하도록 노력하고 있음에도 사람들은 어떻게든 기차에 탑승한다. 아이들, 심지어는 성인들도 열차 바닥을 쓸면서 '팁'을 요구한다. 복도에서 노래를 부르거나 춤을 추면서 공연의 대가로 돈을 바라기도 한다. 소매치기와 도둑도 기차에 몰래 탑승한다. 항상 귀중품과 현금을 몸에 잘 숨겨 두자. 누군가 당신이나 당신의 짐을 쳐다보는 것 같으면, 동행자에게 말하거나 안내원에게 그 사람을 가리키며 알려 주자.

밤에는 머리를 열린 창문에 대지 말고, 귀금속과 작은 가방들도 창문에서 멀리 두어야 한다. 플랫폼에 서 있는 도둑들이 창문 틈으로 팔을 뻗어 귀걸이를 잡아당기는 경우가 있기 때문이다.

인파와 주의해야 할 사항들 속에서 사람을 놓치는 실수를 하지는 말자. 대다수의 인도인은 예의 바르고, 친절하며, 도움을 주는 사람들이다. 그들이 유쾌하고 지적인 여행 동반자라는 사실을 알게 될 것이다.

건강

수십 년간 정부와 비영리 단체의 노력과 교육, 인도의 경제와 기술의 급속한 발전뿐 아니라 의사라는 직업의 인기에도 불구하고, 안타깝게도 인도는 아동 영양실조, 당뇨병, 결핵 그리고 장티푸스 발병률이 세계에서 가장 높다.

인프라가 인구 증가 속도를 따라잡기는 불가능해 보인다. 대다수의 인도 사람에게는 양질의 의료 서비스가 여전히 접근하기 어렵다. 게이츠 재단에 따르면, 치료 가능한 문제로 사망한 인도인의 66%가 질 낮은 치료를 받았기 때문에 사망했다고 한다. 오염된 물, 부적절한 폐기물 관리, 대기 오염으로 인해 매년 250만 명 이상이 사망한다. 낮은 아동 예방 접종률, 여행객의 증가와 항생제 과다 처방은 모두 전염병의 확산에 기여하고 있다.

반면, 인도는 몇몇 뛰어난 병원과 상당히 우수한 의사들을 보유하고 있다. 그러나 의료 서비스를 찾는 사람들이 의료 시설이 없는 외딴 마을이나 인근 주에서 몰려들면서 의료진과 시설은 과부하 상태로 운영되도록 강요받는다. 낮은 급여, 열악한 병원과 진료소, 진급 기회의 부족과 부패는 훌륭한 의사와 간호사 들이 필요한 농촌 지역에서 의료 서비스를 제공하는 것을 어렵게 만들며, 인도의 많은 우수한 의사들이 해외에서 의료 활동을 하도록 떠미는 요인이 되고 있다.

설상가상으로 의료 서비스를 제공하는 곳에서도 질병이나 치료에 대한 잘못된 인식과 빈곤으로 인해 많은 사람이 의사를 찾지 않는다. 적절한 영양 섭취나 설사 치료와 같은 기본적인 건강 문제에 대한 이해는 종종 민속 신앙과 치료법이 우선시된다. 건강 보험에는 전체 인구의 20%만 가입되어 있다. 2018년, 모디 총리는 이를 해결하기 위해 저렴한 의료 서비스를 도입했다. '인도를 장수와 건강한 삶으로 축복하라'는 의미의 '아유시만 바라트'는 빈곤층을 위한 건강 보험을 제공하고 전국에 웰니스 클리닉을 설립할 것을 약속하고 있다.

인도에서는 의사의 처방전 없이 약을 구매할 수 있어서 많은 빈곤층이 스스로 진단을 내리거나 동네 약사에게 의료적 조언을 의존하는 경우가 많다.

【 인도의 의학 】

인도에서는 사람들 대다수가 기본적인 의료적 필요를 충족시키기 위해 자연 치료법인 아유르베다 의학 시스템에 의존한다.

'아유르베다(산스크리트어로 '생명과학')'는 베다 시대 동안 인도에서 발생했으며, 고대 힌두교 경전인 《베다》에 기록되어 있다. 아유르베다는 건강을 균형으로, 질병을 불균형으로 정의한다. 공기와 불 그리고 물이라는 세 가지 신체 에너지를 뜻하는 도샤(약화되는 것)는 체질에 맞는 음식 섭취, 적절한 소화 과정, 신체 운동, 요가 또는 명상을 통해 조화를 이룰 수 있다.

싯다 의학은 타밀나두에서 유래한, 인기 있는 또 다른 시스템이다. 힌두교 신 시바는 세 가지 에너지의 적절한 균형에 대한 규칙을 자신의 추종자들('싯다르', 비범한 힘을 가진 자들)에게 전수했다고 전해진다. 이 규칙에는 식이 제한과 약초와 식물 및 금속, 광물, 화학물질의 사용, 요가와 명상이 포함된다.

또한 독일의 대체 의학 형태인 동종 요법도 인도에서 널리 시행된다.

인도 대부분의 병원은 서양과 달리 다양한 형태의 의학을 활용하여 환자를 치료하는 다학제적인 접근 방식을 취한다. 아마도 이러한 점과 서양인에게 저렴한 비용 때문에 인도가 의료 관광지로 떠오르는 것일지도 모른다.

【 위생 】

인도의 위생 문제는 어디서나 보고 냄새로 알 수 있다. 쓰레기와 오물은 아무렇게나 버려지고, 이를 특정 하층 계급이나 불가촉천민 집단만이 처리한다. 길가를 배회하는 암소와 황소 그리고 염소들도 시장 근처에 버려진 썩은 채소를 먹으며 청소부 역할을 하기도 한다. 돼지들은 뒷골목에서 인간의 배설물을 찾아다닌다.

공중화장실은 필요할 때 항상 이용할 수 있는 것이 아니다. 남성들은 단지 벽만 찾아도 괜찮지만, 여성들은 시설 부족으로 어려움을 겪을 것이다. 주요 도시에서는 호텔이나 레스토랑을 찾는 것이 가장 좋은 방법이다. 깨끗한 장소를 찾아 화장실을 이용하면 된다.

【 음식과 물 】

많은 기생충과 박테리아 그리고 간염과 장티푸스(인도에서 가장 흔한 전염병)를 포함한 질병들은 모두 물을 통해 전염된다. 건강을 지키는 가장 쉬운 방법은 병에 든 물만 마시거나 직접 필터를 가져오는 것이다. 수돗물이나 얼음이 들어간 음료는 어떤 것도 마셔서는 안 된다. 병에 든 물이나 음료를 구매할 때는 뚜껑이 이전에 열린 적이 있는지를 확인해야 한다. 상점 주인이나 다바왈라(인도의 도시락 배달부-옮긴이)가 사용한 병에 수돗물이나 직접 만든 '청량음료'를 다시 채우는 것은 드문 일이 아니다. 과일 주스에는 여과되지 않은 물이 들어 있을 수 있으므로, 주문 전에 물어보거나 아예 피하는 것이 좋다. 양치질도 병에 든 물을 사용하거나 물 없이 하도록 하자.

병을 유발하는 것은 섭취하는 물뿐만이 아니다. 몬순 기간에는 물과 음식 오염이 더 흔하다. 이 시기에 인도에 머문다면, 수인성 질병에 주의해야 한다. 강물은 수영하기에 안전하지 않을 수 있고, 폭우 후에는 거리가 더러운 물로 침수될 수 있다. 침수된 거리를 걸어야 한다면 가능한 한 빨리 목욕하거나 말려야 한다. 고인 물에는 모기가 번식하여 말라리아와 뎅기열과 같은 심각한 질병의 원인이 된다. 인도 대부분 지역의 높은 습도는 주택과 공공건물의 벽에 곰팡이가 자라기 쉽게 만든다. 천식을 앓는 사람들은 각별한 주의를 기울이고, 흡입기나 약을 항상 휴대해야 한다.

일상생활에서 청결함을 유지하는 일반적인 의식과 규칙들이 존재하는데, 이는 실제로 인도라는 상황에서 건강을 유지하는 좋은 습관이 된다. 앞서 살펴본 것처럼, 거의 모든 인도인에게는 깨끗한 음식과 불결한 음식이 있다. 당신이 그들의 믿음을 공유하지 않더라도 이러한 음식 제한은 그만한 이유가 있어서 발전한 것이다. 외식할 때는 조리된 채식 음식은 항상 가장 안전한 선택이다. 고기는 신선하지 않을 수 있으며, 특히 버스나 기차역에서 음식을 먹는다면 더욱 그렇다.

설사나 묽은 변은 인도를 방문하는 사람들이 겪는 가장 흔한 문제다. 깨끗한 물이나 신선한 코코넛 물(껍질째)을 충분히 마시도록 하자. 설탕이나 소금을 넣어 만든 인도 특산품인 라임 소다는 수분 보충에 좋다. 요거트와 키치디(렌틸콩으로 요리한 밥)도 도움이 될 수 있다. 현지 의료 기관을 찾는 것도 고려해 볼 수 있다. 여행 중에 복용할 항생제를 주치의에게 처방받아 갈 수 있으며, 인도에 도착했다면 약국에서 처방전 없이 항생제를 살 수도 있다.

【더위】

열기는 당신이 낌새를 알아차리기도 전에 영향을 미칠 수 있다. 열사병이나 경련 혹은 뇌졸중을 예방하려면 더운 계절에는 수분을 충분히 섭취하고 실내에 머물며 신체 활동을 제한해야 한다. 치명적일 수 있는 일사병은 체온 상승과 피부 붉어

짐, 혼절, 때로는 환각과 발작을 특징으로 한다. 이는 즉각적인 의료 처치가 필요하다. 인도의 극한 기온에서의 자가 건강 관리를 위한 자세한 내용은 질병관리청(https://www.kdca.go.kr)과 질병통제예방센터(https://www.cdc.gov)를 참조하도록 하자.

【 HIV/에이즈 】

HIV는 모든 사회 계층의 사람들에게 영향을 미치지만, 여전히 성매매 종사자, 트럭 운전사 및 기타 이주 노동자와 마약 중독자, 남성 동성애자들과 같은 고위험군에게 더욱 심각한 문제다. 그러나 2010년 이후 교육과 검사소의 급격한 증가, 치료의 가용성 확대와 정부와 의료계, 인권 단체의 많은 다양한 조치 덕분에 HIV/에이즈 신규 감염 사례는 46% 감소했고, 에이즈 관련 사망은 22% 감소했다.

【 준비 사항 】

인도로 여행하기에 앞서, 최소 6개월 전에 예방 접종 요건과 권장 사항을 확인해야 한다. 일정 기간에 걸쳐 여러 차례 주사를 맞아야 할 수도 있다.

　보험 정보와 주치의의 연락처, 본국의 비상 연락처를 지참하고, 가능하다면 인도에서의 연락처도 휴대해야 한다는 것을 기억하자. 최신 건강 위험 정보와 예방에 대한 자세한 내용은 질병관리청과 질병통제예방센터, 세계보건기구(https://www.who. int)에서 확인할 수 있다.

안전

【 폭력 】

테러 공격과 폭탄 테러 납치 사건은 때때로 서양인을 대상으로 하며, 이는 신문 1면으로 보도되고는 한다. 잠무 카슈미르 지역과 인도와 파키스탄의 국경 지역은 지속적인 분쟁으로 인해 여행하기 위험하다. 인도 내 대부분의 긴장은 카스트나 종교 단체 간의 갈등에서 비롯되며, 최근에는 반기독교와 반이슬람 폭력 사건도 포함되고 있다. 이에 대한 최신 정보와 여행 경고 관련 사항은 대한민국 외교부(https://www.mofa.go.kr) 또는 외교부 해외안전여행 홈페이지(https://www.0404.go.kr)에서 확인할 수 있다.

【제한 구역】

특정 지역 방문 시 인도 정부의 특별 허가가 필요하다. 이 지역에는 안다만니코바르제도, 락샤드위프(라카디브제도 연방 직할지), 많은 북동부 주나 일부 국경 지역이 포함된다.

【범죄】

소매치기는 관광지와 대중교통 주변에서 흔하게 발생한다. 귀중품과 서류 그리고 현금은 몸에 숨겨 휴대하고, 카메라는 사용하지 않을 때는 도난 방지 가방에 보관하자. 호텔방에 귀중품을 두어서는 안 되며, 가능하면 호텔 금고에 보관하자. 외국인은 도난의 쉬운 표적이 될 수 있다.

일부 외국인들은 사람들을 쉽게 믿고, 문화적 단서를 알아차리지 못하거나, 흔한 사기 수법을 모르기 때문에 사기꾼들의 표적이 된다. 길거리에서는 심지어 공무원처럼 보이는 사람에게조차 절대로 여권을 건네서는 안 된다. 개인 소지품은 자물쇠로 잠가 두지 않는 한, 눈을 떼지 말자. 여권의 사본(첫 페이지와 마지막 페이지를 비롯해 비자 페이지)을 여러 장 준비해 두는 것도 좋다. 인도에 도착하면 특정 양식 작성을 위해 여권 사진이 추가로 필요할 수도 있다.

당신은 그저 친절하게 행동하려는 것이라도, 쉽게 대화를 나누거나 눈을 마주치거나 혹은 신체 접촉을 하는 것은 어떤 종류든 유혹으로 해석될 수 있다. 혼자 여행하는 경우, 기차나 버스에서 다른 여성들이나 가족들을 친구로 만들도록 하자. 다리와 팔, 가슴을 가리고 옷을 단정하게 입어야 한다.

인도 남성이 당신의 사진을 찍거나, 그의 친구가 당신과 함께 있는 자기 모습을 사진으로 찍어도 되냐고 물어볼 수 있다. 이러한 사진은 그의 '새 외국인 여자 친구'나 그의 최근 성적 정복에 대한 거짓말의 배경이 될 수 있다. 그런 판타지의 재료가 되고 싶지 않다면, 남성들이 당신의 사진을 찍는 것을 허락하지 말자.

이런 대우에 익숙하지 않은 한 여성으로서 당신은 불쾌하고 화가 날 수 있다. 하지만 문화적으로 적절하지 않은 방식으로 행동해 시스템에 도전한다고 해서 이러한 남성들이나 인도의 부정적인 측면이 바뀌지는 않을 것이다.

인도에서는 여성에 대한 성폭력이 증가하고 있다. 최근 로이터 통신의 조사에서는 인도를 '세계에서 여성에게 가장 위험한 나라'로 규정했다. 주변 환경을 잘 살피고 신중한 예방 조치를 취해야만 한다. 자신을 보호하는 가장 좋은 방법은 여성에 대한 문화적 규범에 적응하고, 좋은 인도인들, 즉 실제로 인도에 있는 아주 많은 좋은 사람들과 함께하는 것이다.

08

비즈니스 현황

한때 제3세계의 빈곤 사례로 연구 대상이거나 모험적인 관광객들에게 이국적인 여행지로 여겨졌던 인도는 이제 세계적인 원스톱 기술 중심지로 자리 잡았다. 지난 30년 동안 진행된 개혁은 외국인 투자를 유치하고, 관세를 인하했으며, 금융 부분을 개방하고, 산업 규제를 철폐했다. 인도는 부와 일자리를 창출하고 새로운 시장의 문을 열었으며, 세계 경제에 중요한 기술을 제공하는 거대한 세계적 강국으로 성장했다.

한때 제3세계의 빈곤 사례로 연구 대상이거나 모험적인 관광객들에게 이국적인 여행지로 여겨졌던 인도는 이제 세계적인 원스톱 기술 중심지로 자리 잡았다. 지난 30년 동안 진행된 개혁은 외국인 투자를 유치하고, 관세를 인하했으며, 금융 부문을 개방하고, 산업 규제를 철폐했다. 인도는 부와 일자리를 창출하고 새로운 시장의 문을 열었으며, 세계 경제에 중요한 기술을 제공하는 거대한 세계적 강국으로 성장했다.

인도의 사업 수완은 새로운 것이 아니다. 1,600만 명의 인도 출신 사람들이 해외에 거주한다. 인도는 많은 대졸 남녀가 더 높은 교육을 받거나 대가족과 함께 살면서 더 높은 생활수준을 누리기 위해 자국을 떠나는 '두뇌 유출'에 한탄했다. 불과 몇 년 전만 해도 인도인은 미국에서 두 번째로 큰 규모이자 가장 빠르게 성장하는 합법적 이민자 집단이었다. 하지만 이제는 더 이상 그렇지 않다.

과거 이민을 촉발했던 바로 그 요인들이 오늘날에는 역이민을 촉진하는 동기가 되고 있다. 정부의 정책들은 시민권을 포기했거나 해외에서 태어난 인도인들이 사업을 시작하고 평생 비자를 취득하는 것을 쉽게 만들었다.

젊고 유능하며 고등 교육을 받은 인도인들이 전례 없는 숫

자로 역이민을 하는 현상은 미국과 유럽의 기업들이 연구 개발 장소를 인도로 이전하게 만든다. 많은 기업이 새로운 이민으로 인해 잃어가는 노하우와 전문성을 유지하고, 아울러 인도 노동력의 경제성을 활용하기 위해 기술 서비스를 아웃소싱하거나 사업 전체를 인도로 이전하고 있다.

이렇게 귀국한 인도인들은 서구에서 수년간 생활하고 공부하고 일한 경험이 있어서 서양의 비즈니스 관행과 문화적 가치를 이해한다. 이는 인도에서 사업하는 데 있어 더 큰 매력이 된다. 그러나 기업과 정부의 구조와 정책, 그리고 더 깊고 대개 암묵적으로 통용되는 가치들은 외국인 사업가에게 부분적으로 양 문화를 아우르는 기술과 관계의 요령, 시간과 금전적 투자를 추가로 요구하는 긴장을 일으킨다.

비즈니스 문화

【 계층 구조 】

인도의 비즈니스 조직도는 익숙해 보일 수 있지만, 가족이나 카스트, 기타 사회적 역학 관계에 기반한 중첩된 구조가 존재하며, 이는 명확하게 드러나지 않는다.

CEO와 공식 직함을 가진 사람은 누구든 피부색과 카스트 또는 성별과 관계없이 그 지위에 걸맞은 존경을 받는다. 상사들도 적어도 표면적으로는 존경받고, 자신이 지시한 것이 그대로 이행된다. 하급자가 아이디어에 도전하거나, 의견에 반대하거나, 결정에 의문을 제기하거나, "아니오"라고 말하는 것은 용납되지 않는 행동이다. 상사의 의견에 동의할 때는 상당한 에너지가 소모된다. 인도인들은 권위 있는 사람들을 기쁘게 하는 것에 상당한 가치를 매긴다. 계층 구조에서 당신의 위치와 안녕은 윗사람들에게 좋은 인상을 남기고, 아랫사람들을 통제하는 것에 달렸다. 직원들은 마감을 맞추고, 상사에게 동의하며, 실수를 저지르거나 드러내지 않기 위해 최선을 다한다.

인도인들은 어렸을 때부터 실수를 저지르면 안 된다는 것을 고통스럽게 배운다. 실수가 발생하면, 가능하면 무시하고, 필요하면 숨기며, 공개되기 전에 무슨 수를 써서라도 해결하려고 한다.

이러한 수치심 기반 문화에서는 경제적 영향이 없는 사소한 실수라도 정서적이며 관계적인 영향을 주는 결과를 초래하게 된다.

【 네트워크 】

네트워크는 졸업생이 직장을 찾거나 기업가가 사업을 시작할 때쯤이면 이미 형성되어 있다. 가족과 카스트, 또는 공동체가 개인을 태어날 때부터 지원하고 이끌어 왔으며, 경력을 쌓는 동안에도 계속 그렇게 할 것이다. 친척들은 종종 함께 일한다. 그리고 한 사업체의 직원 대다수는 동일한 카스트 출신일 수 있다.

이는 일종의 보험 역할도 한다. 금융 자산과 특별한 기술, 심지어 가족의 비밀은 가족이나 공동체 내에서만 유지된다. 이런 동질적인 환경에서는 폭넓은 사회적 계급과 내부적 가족 역학이 작용하게 되며, 명확하게 정의된 역할을 갖게 된다. 그러나 관계적 얽힘과 공동체 내부의 정치적 문제는 의사소통과 생산성을 방해할 수 있다. 시스템 외부 사람들은 이러한 긴장감을 느낄 수는 있어도 이해하지는 못할 수 있다.

【 관계와 시간 】

인도인들의 여유로운 시간 개념과 일을 처리하는 데 필요한 관계적 자본을 게으름과 부주의, 순진함 또는 무능함으로 오해해서는 안 된다. 당신이 보기에는 개인적이고 직업적인 문제를

- 모든 사람을 동등하게 대하는 것.

- 사람들을 이름으로 부르는 것.

- 포옹하거나 입맞춤으로 인사하는 것.

- 반대 의견을 제시하는 것.

- 문제나 갈등을 해결하려고 공개적으로 지적하는 것.

- 논쟁이나 약점 공개가 필요한 논의를 시작하는 것.

- 모든 사람이 당신의 영어를 이해할 것이라고 가정하는 것.

- 당신이 모든 사실을 파악하고 있다고 가정하는 것.

- 회의 중에 결정을 내리도록 요구하는 것.

- 본국에서 사용하는 것과 동일한 관리 도구를 사용하는 것.

- 프로젝트 일정에 복잡한 절차를 위한 여유 시간을 두지 않는 것.

- 왼손으로 돈이나 중요한 서류를 주고받는 것.

중심으로 맴도는 대화들이 시간을 낭비하는 것처럼 느껴질 수 있지만, 실제로는 일이 진행되는 중이다. 논의를 직설적으로 이끌려는 시도는 모든 것을 중단시키는 결과를 낳을 것이다. 권력이 있는 것처럼 보이는 사람들과 그렇지 않은 사람들 모두와 관계를 구축하는 데 시간을 할애해야 한다는 것을 예상하도록 하자.

【 게이트 키퍼 】

명확한 계층 구조에도 불구하고, 일을 처리하는 것은 최고 책임자의 사무실에 들어가는 것만큼 간단하지 않다. 다양한 사무실을 전전하고, 양식을 작성하고, 여러 서명을 받고, 그 과정에서 모든 사람의 호의를 얻기 위해 많은 시간과 노력을 기울일 필요가 있다.

게이트 키퍼는 모든 수준에서 찾아볼 수 있다. 프론트 데스크의 접수원일 수도 있고, 도장을 찍는 직원일 수도 있으며, 서명이 필요한 회계사 혹은 일을 더 저렴하게 처리할 수 있는 친척을 둔 직원이 될 수도 있다. 심지어 조직의 가장 하위에 있는 사람들조차도 프로세스를 지연시키거나 방해할 수 있는 힘을 통해 시스템 내에서 그 중요성이 강조된다. 상대방이 분명히 할 일이 없어 보이더라도 기다리라는 요청을 받을 것이다. 즉, "내일 다시 오세요"라는 말을 들을 수도 있다. 내일 다시 찾아가도, 어제 완료할 수 있었던 일을 여전히 같은 사람이 똑

같이 행하고 있는 것을 발견하게 될 것이다.

하지만 힘겨루기에 동참하고 싶은 충동을 억제하자. 외국인으로서 당신은 직접 상사를 대면하는 것이 허용될 수 있지만, 그 과정에서 만나는 모든 사람에게 존경을 표하는 것이 가장 좋은 방법일 것이다.

회의

【 시작하기 】

이메일과 공식 메모 및 회사 전용 커뮤니케이션 수단은 회의를 설정하거나 중요한 요청을 하는 데 가장 효과적인 방법이 아닐 수 있다. 젊은 직원들과는 문자 메시지나 왓츠앱을 통해 원하는 결과를 얻을 수 있을지 모른다. 하지만 비즈니스를 진행하는 관계적 특성으로 인해 직속 상사의 개인적 초대나 전화 통화가 필요할 수 있다.

몬순 시즌이나 여름 더위가 한창일 때도 인도인들은 단정한 모습이다. 남성들에게는 빳빳하게 다려진 셔츠와 줄무늬 넥타이가 표준 비즈니스 복장이다. 여성들은 완벽하게 주름

잡힌 사리, 샬와르 카미즈, 또는 단정한 드레스로 옷을 보수적으로 갖춰 입는다. 비즈니스 상대와 만날 때는 당신도 적절한 복장을 갖추고 있는지 확인하는 것을 잊지 말자.

시간 엄수는 상대적이며 기업 지도부의 기대에 따라 달라질 것이다. 권위 있는 인물들은 늦게 도착할 수 있다. 본격적인 비즈니스에 들어가기에 앞서 가족에 관한 질문 등을 던지거나 가벼운 대화를 해 볼 계획을 세워 놓도록 하자.

【 회의에서 】

인도의 비즈니스 회의는 일반적으로 토론이나 협력적인 사고를 위한 자리라기보다는 프레젠테이션에 더 가깝다. 상급자가 자신의 의견을 말하고, 다른 사람들은 거의 발언하지 않는다. 다른 사람들이 덧붙일 것이 없어서가 아니라, 말할 권리는 권위 있는 사람에게 있고, 다른 사람들은 그 말을 들을 책임이 있기 때문이다. 인도인들은 권위 있는 인사의 말을 중간에 끊지 않는다. 침묵은 동의의 표시로 이해되며, 그 외 다른 반응은 무엇이든 부정적으로 간주될 수 있다.

동등하게 참여하는 것은 권력 투쟁을 하는 것이다. 직원이 조직 환경에서 자기 아이디어를 제시하는 위험을 감수하는 경우는 드물다. 망신을 당할 위험이 너무 크기 때문이다. 심지어 일대일 대화에서도 목표를 적극적으로 추구하거나 직설적인 논리를 펼치는 것은 문제를 일으킬 수 있다. 그렇게 되면 한쪽은 상대방을 설득했다고 믿겠지만, 상대방은 관계를 해치지 않고 그 거래에서 어떻게 빠져나갈지 고민하게 될 것이다.

공식 회의는 정보를 전달하고, 자신의 권력 위치를 확인하며, 지시를 전달하는 데 유용하다. 아이디어를 창출하고, 직원들의 문제를 이해하며, 성과를 평가하고, 정보를 수집하거나 실제적인 합의를 이끌어 내기에 효과적인 방법은 아니다. 그보다 회의에 들일 시간과 에너지는 개인들 간의 정기적인 비공식 회의를 하는 데 써야 한다.

인도인들에게는 존중과 경청, 기여에 대한 인정, 구체적인 기대와 명확한 결정이 중요하다. 회의에서 토론과 참여에 대한 명확한 기본 규칙을 설정하는 것이 진전을 이루는 방법이다. 그러나 성과 평가와 브레인스토밍 과정 및 성과를 강화하고 토론을 이끌어 내며, 약점을 수정하고 팀을 구축하기 위한 서구식 경영 도구들은 오히려 해가 될 수 있다. 인도에서의 의사소통은 하향식이며, 직원들에게 창의성과 토론은 기대되지 않고 바람직하게 여겨지지도 않는다.

회의가 끝날 때, 명확하게 명시된 목표와 실행 단계는 잘 받아들여질 것이다. 하지만 책임감을 보장하는 인간적인 연결이 없다면 실질적인 후속 조치를 기대하기 어렵다. 이는 특히 관련 직원이 진행 방법에 대해 확신이 없는 경우에 더욱 그렇다. 상사에게 자신의 무능력을 인정하려 하지 않을 가능성이 높기 때문이다.

【 프레젠테이션 】

당신의 프레젠테이션이 하이라이트에 달해서 모든 사람이 손뼉을 치거나 토론에 열중할 것으로 기대할 때, 막상 주변을 둘러보면 모두 멍한 표정만 짓고 있을지 모른다. 왜냐하면 당신의 영국식이나 미국식 영어를 아무도 이해하지 못했을 수 있기 때문이다. 하지만 당신이 당황하고 스스로 민망해질까 봐 아무도 이를 말하지 않을 것이다. 의사소통이 잘못될 수 있는 많은 이유가 있으므로, 주요 사항을 반복하고 명확하게 하는 것이 아주 중요하다. 그리고 프레젠테이션 중간중간에 "제 영어가 이해되시나요?"라고 묻는 것이 좋다.

도시 출신의 젊은 인도인들과 서양에서 교육받은 사람들은 다양한 억양을 더 잘 인식하고, 더 직접적이고 격식에 얽매이지 않은 경영 스타일에 대응할 수 있을지 모른다. 하지만 그들이 당신의 이름을 부르거나 사무실에서 청바지를 입는 등 표면적으로 친숙한 행동을 한다고 해서 그들이 당신을 제대로 이해하고 있다고 가정해서는 안 된다. 단지 그들은 서양 미디어 이미지에 적응했을 뿐이다. 사고방식이 상당히 서구화된 사람들조차도 여전히 인도의 관점을 중심으로 구축된 시스템의 일부다.

【 의사 결정 】

의사 결정은 적절한 직함을 가진 사람이 내린다. 직원들은 자신의 업무가 가치 있고, 자신의 위치가 안전하다고 느끼는 한, 상사의 책임을 공유할 필요성을 느끼지 않는다. 결정을 내려야 하는 사람은 잘못된 결정이나 그에 대한 비난을 받을 위험을 최소화하기 위해 동료나 전문가 혹은 가족 구성원과 상의하기도 한다. 결정은 종종 능력과 실적보다는 인지된 신뢰성과 호감도를 바탕으로 한다. 채용과 승진, 또는 해고 시 가족과 전략적 관계가 중요한 요소로 작용한다.

협상

만약 당신이 상대하고 있는 사람이 결정권자가 아니라면, 적절한 승인을 얻기 위해 더 많은 논의와 문서화 그리고 절차가 필요할 것이다. 당신의 지위에 따라 바로 최고 책임자를 대면할 수도 있다. 그러나 연줄과 카스트 또는 공동체적 충성심이 작용할 수 있는 복잡한 계층 구조에서는 실수하기 쉽다. 권력자를 못 알아보고 피해 가거나 서명을 누락하거나, 잘못된 중개자를 선택한다면 거래가 실패할 수 있다.

협상과 실행이 본국보다 훨씬 더 오래 걸리는 상황을 예상해야 한다. 의제를 강요하거나 요구만 한다면, 과정에 참여해야 하는 사람들로부터 소외될 수 있다.

계약

인도에서는 서면 계약은 유동적인 것으로 간주된다. 즉, 상황이나 인력에 변화가 있을 때 수정될 수 있다. 계약은 이전 관계의 맥락에서 설정된 의도를 나타내는 지표로 볼 수 있다. 비즈니스 동료들은 종이 문서보다는 당신과의 관계에 의존하기 때문에, 계약의 일부가 이행되지 않았을 경우 이의를 제기하거나 법적 조치를 취하겠다고 위협하면 놀랄 수 있다. 구두 합의로 다른 약정이 이루어졌다는 증거로 과거의 대화가 제시될 수 있다.

인도에서의 계약은 여러 측면에서 세심한 주의가 필요하다. 언어는 영어이지만, 단어 사용의 차이로 인해 명확한 설명이 필요할 수 있다. 소규모 회사는 계약서를 작성하거나 협상을 위해 변호사를 고용하지 않는 경우가 많아서, 다른 지역에서는 일반적인, 고도로 형식적인 법률 문서와는 매우 다르게 읽힐 수 있다. 핵심 사항을 구성하는 것이 무엇인지에 대한 인식 차이는 혼란스러운 대화로 이어질 수 있으며, 이는 인내심과 유연한 사고가 있어야 한다. 외국 기업은 계약을 규율하고 중재하는 구체적인 법률을 명확하게 설정할 필요가 있다. 지적 재산권, '고용에 의한 창작물', 법적 책임, 세금이 관련된 문제에서는 자격을 갖춘 변호사의 도움이 필요하다.

부패

부패는 계속해서 인도를 괴롭히고 있다. 경제 개혁에도 불구하고, 인도의 거대한 관료주의는 많은 사람이 뇌물이라는 방법을 통해 문제를 극복하려고 하는 장벽을 만들어 냈다. 번거로운 형식주의는 회사 등록, 납세자 번호 취득 또는 은행 업무 처리 등을 느리게 만들 수 있다. 완고한 공무원들은 당신의 요청을 진행하거나 전기와 같은 기본 서비스를 제공하는 것에 있어 사례금을 요구할 수도 있다. 뒷돈은 정부와 교육, 비즈니스 전반에 널리 퍼져 있다.

　인도는 이러한 관행으로 인해 연간 1조 달러에 달하는 큰 대가를 치른다. 그러나 손실은 단순히 금전적인 것에 그치지 않는다. 부패한 관행들이 비즈니스와 인력 개발, 정의를 저해하고 있다. 안타까운 현실은 종종 뇌물이 실제로 서기, 관료, 경찰관, 정부 관리 및 학교 관리자들이 만들어 내는 귀찮은 상황에 대한, 더 빠르고 덜 혼란스러운 방법이라는 것이다. 이러한 '팁'과 뇌물, 선물이 일을 처리하는 유일한 방법은 아니지만, 당신과 당신의 회사는 인도에서 '평범한 비즈니스'의 이런 일반적인 측면을 어떻게 처리할지 결정해야 할 것이다.

동료

【 일상적인 의사소통 】

동료들에게 연락을 유지하는 가장 좋은 방법을 물어보자. 당신의 본국에서는 이메일이 비즈니스 의사소통을 할 때 선호되는 수단일 수 있지만, 인도 동료들은 이메일은 자주 확인하지 않을 수 있으며, 전화 통화나 문자 메시지, 왓츠앱에 더 익숙할 수 있다.

의사소통은 직접적이고 개인적이어야 한다. 공식적인 서면 보고서나 이메일을 통한 의사소통은 실제로 진행되는 상황보다는 당신이 듣고 싶은 내용을 전달할 가능성이 높다. 대면으로 소통하는 것이 가장 좋다. 대면 소통이 불가능한 경우에는 화상이나 전화 통화가 업무 수행에 필요한 관계 자본을 구축하고 유지하는 데 도움이 될 것이다. 하지만 어디서나 그렇듯이, 대화와 요청 사항, 합의된 결정에 대한 이메일 문서는 반드시 보관해야 한다. 중요한 문제나 실행 세부 사항은 직접 후속 조처를 하자.

【 함께 일하기 】

'독립적으로 일할 수 있는 능력'은 인도의 직무 설명에서 보기 힘든 문구다. 능력도 중요하지만, 신뢰성과 충성심이 더 중요하기 때문이다. 직원들은 마감 기한을 맞추기 위해 서로 돕거나 부족한 기술이나 인맥을 제공할 것으로 기대된다. 혼자서 결정을 내리는 경우는 거의 없다. 직원은 상담과 합의를 통해 결정이 실패로 돌아갔을 때 받게 될 비난에서 보호받을 수 있다. 직원들은 주변의 동료들이 자신의 성공과 상사에게 좋은 인상을 주는 데 있어 도움이 되며, 실수했을 때는 덮어 줄 수 있는지 아닌지를 알고 싶어한다.

많은 사람이 뛰어나고 싶은 욕망을 가지며, 모든 사람은 잘한 일에 대해 인정받기를 원한다. 하지만 인도에서는 혼자 주목받는 것은 긍정적인 관심이라 할지라도 어려움을 초래할 수 있다. 예를 들어, 근속 연수가 아닌 성과에 따라 급여를 인상하면 구성원들 사이에 불만이 생길 수 있다. 고성과자들은 동료들의 질투에 맞서야 할 수 있으며, 이는 관계와 미래의 전망을 해칠 수 있다.

이런 요인들을 비롯해 인도 비즈니스 문화의 다른 스트레스 요인들은 주도성과 독립적인 사고를 억누를 수 있다. 반면, 이런 환경은 좌절감을 느꼈던 진취적인 개인들이 스스로 새로운 사업을 시작하고 많은 사람에게 기회를 창출하도록 이끌었다.

갈등 관리

인도에는 핵심적인 단어가 있다. 바로 '갈등 회피'다. 투명성은 찾아보기 어렵다. 인도인들은 다른 사람을 대놓고 직접 비판하지 않는다. 아이디어에 이의를 제기하지 않고, 의견 차이를 표현하지도 않는다. 그들은 자신들이 생각하기에 당신이 듣고 싶어 할 만한 것을 말할 것이다. 솔직한 의견을 요청하더라도 부정적이라고 여겨지는 것들은 아마도 듣지 못할 것이다. 인도인들은 대부분 실용적인 서양식 문제 해결 방식과 조직 기술, '할 수 있다' 태도를 높이 평가하지만, 이와 동일한 특성들이 긴장을 유발할 수도 있다. 만약 당신이 직장에서 문제를 파악하려고 하거나 효율성을 높이는 방법을 제안한다면, 오만한 사람으로 여겨질 수 있다. 동료들이 행동에 나서는 것을 주저한다고 해서 이를 무능함이나 무관심으로 오해해서는 안 된다. 아무도 관계를 해칠 위험을 무릅쓰고 긴장을 해소하려고 하지 않기 때문에 갈등의 골이 깊어질 수 있다.

개인적으로 진행될 수만 있다면, 직장 내 갈등에 관해 대화를 나누는 것이 가능하다. 당신의 역할에 대해 겸손하게 임하고, 해결을 위한 당신의 열망을 솔직하게 표현하면 된다. 우선 동료들에게 그들이 말하는 것을 불리하게 사용하지 않을 것이라고 확신시키자. 만약 그들이 당신을 신뢰한다면 마음을 열 수도 있다. 그렇지 않다면, 전략을 바꿔야 한다. 그들이 다른 사람들에 대해 말하는 것을 듣고, 이를 통해 그들의 가치와 압박감, 기대치 그리고 어쩌면 당신이 관련되었을지 모르는 것들에 대한 단서를 찾는 것이다. 그런 다음, 당신의 기대와 행동을 조정하는 것은 당신에게 달렸다.

비즈니스에서의 여성

인도에는 비즈니스와 정부의 모든 수준에서 강하고 유능한 여성들이 존재한다. 인도의 기업가 중 14%가 여성이다. 그럼에도 가족 의무에 대한 압박, 성희롱에 대한 두려움, 여성의 한계에 대한 편견들은 많은 여성이 특정 직업에 채용되거나 승진 기회를 얻는 것을 가로막고 있으며, 심지어 시장에 진출하지도 못하게 한다.

일반적으로 비즈니스 세계에서 여성들은 존중받지만, 고위 관리직에는 인도 여성이 거의 없다. 서양 여성들은 남성 동료보다 더 나은 대우를 받는 경향이 있다. 상대 기업과 그곳의 권위 있는 사람들에 따라, 인도에서 비즈니스를 하는 여성들은 의사소통과 협상, 결정 사항의 이행을 보장하기 위해 남성의 도움을 요청하는 것이 좋을 수도 있다. 인도의 관계 중심적이고 위계적인 사업 방식은 아직도 남녀 간의 일대일 대화와 사회적 교류가 가능하지 않은 상황을 만든다.

09

의사소통

영어와 인도만의 그 변형들은 직장이나 클럽뿐만 아니라 TV, 영화, 현대 문학에서도 사용된다. 식민지 이전의 언어로 돌아가야 한다고 주장하는 순수주의자들도 있지만, 영어의 쓰나미는 오래전에 인도를 강타했으며, 인도식 영어 혹은 '힌글리시'의 물결과 IT 교육을 받은 사람들의 미국식 표현과 억양이 계속해서 인도로 쏟아져 들어오고 있다.

언어

【 언어 계통과 분파 】

인도에서 사용되는 언어의 수에 대해서는 전문가들의 의견이 분분하다. 공식적으로 정부가 인정하는 언어는 22개이지만, 총 1,950개의 언어가 있는 것으로 확인되고 있다. 인도 언어는 대부분 인도아리아어족과 드라비다어족이라는 두 가지 언어 계통에서 유래했다. 다양한 형태의 힌디어는 인도아리아어족에 속하는 산스크리트어에서 유래했으며, 인도 인구의 44%가 사용하는 주요 언어다. 남인도의 드라비다어족 계열의 타밀어, 텔루구어, 말라얄람어, 칸나다어는 인구의 19%가 사용하고 있다. 북동부와 인도의 섬들에서 사용되는 언어는 앞의 두 언어와 관련이 없는 중국-티베트어족과 오스트로아시아어족 언어다.

대부분의 교육받은 인도인들은 두 개, 심지어는 서너 개 또는 다섯 개의 언어를 구사한다. 일반적으로 영어가 비즈니스에서 사용되고, 특히 중산층과 상류층에서 선호하는 교육 언어이기는 하지만, 인도인들은 모국어에 대한 강한 자부심이 있다. 최근 몇 년 동안, 지방과 주들은 100개 이상의 주요 도시명을 원래의 이름으로 재지정하면서 언어적 권리와 문화적 정체성을 주장하고 있다. 캘커타는 이제 콜카타(벵골어)고, 봄베이는 뭄바이(마라티어), 방갈로르는 벵갈루루(칸나다어), 마드라스는 첸나이(타밀어), 코친은 코치(말라얄람어)가 되었다. 다양한 민족 언어 집단의 자치 요구가 증가함에 따라 2050년까지 새로운 주가 많이 형성될 것으로 보인다.

【 누구의 영어인가? 】

현재의 글로벌 비즈니스 기회와 결합한 정치와 교육의 역사는 인도인들에게 영어를 읽고 쓰고 말하는 것을 배우도록 동기를 부여했다. 하지만 이는 당신의 영어와는 다를 수 있다.

인도 어린이들은 여전히 순수 영국 영어를 배운다. 교육받은 인도인들은 뛰어난 영어를 구사하며, 매우 명료하게 말할 수 있다. 하지만 영국의 통치 동안 발전한 인도 영어에는 몇 가지 특이성이 있다.

영어와 인도만의 그 변형들은 직장이나 클럽뿐만 아니라 TV, 영화, 현대 문학에서도 사용된다. 식민지 이전의 언어로 돌아가야 한다고 주장하는 순수주의자들도 있지만, 영어의 쓰나미는 오래전에 인도를 강타했으며, 인도식 영어 혹은 '힌글

이게 인도식 영어, 그렇지 않나요?	
그렇지 않나요? (Isn't it?)	'그런 경우가 아니겠습니까?'라는 뜻(문장 끝에 사용)
말해 보세요(Tell me)	'듣고 있어요', 또는 '도와드릴까요?'라는 뜻
노력해 볼게(I'll try)	'할 수 없어요(하지만 당신의 감정을 상하게 하고 싶지는 않아요)'라 는 뜻
네(Yes)	'안 가시나요?', '그거 안 했어요?'와 같이 부정형으로 질문했 을 때, '아니오'라는 뜻('응, 안 갈 거야' 또는 '응, 안 했어' 등)
어떻게 해야 할까요? (What to do?)	'어쩔 수 없어요'라는 뜻
출발합니다(Off it)	'꺼 주세요'라는 뜻
좋은 이름이네요 (Good name)	'What's your good name?'이라고 질문할 경우, '성함이 어떻 게 되세요?'라는 뜻
출장 중(Out of station)	'도시를 벗어난'이라는 뜻
건강한(Healthy)	'뚱뚱한'이라는 뜻
호텔(Hotel)	'레스토랑'이라는 뜻
앞당기다(Prepone)	'약속을 더 이르게 조정하다'라는 뜻
이동(Shifting)	'이사'라는 뜻
단순히(Simply)	'그냥', 또는 '그냥 그렇게'라는 뜻

리시'의 물결과 IT 교육을 받은 사람들의 미국식 표현과 억양
이 계속해서 인도로 쏟아져 들어오고 있다.

【언어 학습】

인도 도시에 사는 사람들은 대부분 적어도 기본적인 영어를 구사한다. 그러나 언어와 정체성은 불가분의 관계에 있으므로, 몇 가지 기본적인 인도 문구를 배우려는 당신의 노력은 만나는 사람들에게 좋은 인상을 남길 것이다. 그러니 질문을 하고, 약간의 언어적인 위험을 감수하면서 실수를 통해 웃고 배워 보자. 인도 언어의 아름다움을 즐기고 그 언어를 구사하는 사람들과 함께해 보자.

인사

이 전통적인 사회에서는 다른 사람들에게 인사하는 방식이 중요하다. 인사를 통해 존경과 관계, 종교, 사회적 지위가 전달되기 때문이다. 오늘날 많은 분야에서 악수가 받아들여지며, 특히 남성들 간의 악수가 허용된다. 여성에게는 손을 모으고 미소와 함께 전통적인 "나마스테"나 "안녕하세요"라고 인사하는 것이 가장 좋다. 상대 여성이 먼저 손을 내민 경우에만 악수할 수 있다. 이성에게 키스나 포옹으로 인사해서는 안 된다.

보디랭귀지

인도에서 보디랭귀지를 읽고 사회적 신호를 관찰해야만 하는 것은 외부인에게 몹시 성가신 일일 수 있다. 많은 부분이 비언어적으로 전달되기 때문에, 무언가를 오해하거나 완전히 놓치기 쉽다. 당신이 생각하기에 중요한 것을 놓친 것 같다면, 인도인에게 설명을 부탁하자. 하지만 그들은 아마도 생각할 필요도 없이 상황을 파악했을 것이므로 당신이 무슨 말을 하는지 모를 수도 있다.

좌우로 고개를 흔드는 것에 대해 혼란스러워하지 말자. '아니오'를 의미하기 위해 고개를 젓는다는 생각이 들겠지만, 이는 '네' 혹은 '듣고 있습니다'를 의미하며, 때때로 '감사합니다'를 의미하기도 한다.

손가락으로 가리키는 것은 무례한 행동이다. 방향을 가리키려면 턱이나 손 전체를 사용해야 한다. 누군가를 당신에게 오라고 부를 때는 손바닥을 아래로 향하게 하고 손가락을 흔들어야 한다. 손바닥을 위로 향하게 하여 손짓하는 것은 부적절하며, 윙크, 휘파람 불기, 노래 부르기 역시 성적인 유혹으로 해석될 수 있다.

• 일반적인 인사와 몸짓 •

북인도의 힌두교도

'나마스테'. 두 손바닥을 모아 가슴 앞에 둔다(고개를 숙일 필요는 없다. 인도에서는 그렇게 하지 않기 때문이다). 손동작만으로도 존경심을 표하는 인사이며, 특히 많은 사람이 있는 방에 들어갈 때 적절하다.

프라남은 북인도에서 볼 수 있는 더 격식을 차린 몸짓이다. 손가락 끝으로 부모나 연장자 또는 존경하는 사람의 발을 만지는 것이다. 이는 대개 자신의 심장이나 머리에 손을 얹는 행동으로 이어지며, 상대방이 축복을 내릴 수 있는 힘을 가지고 있음을 인정하는 의미가 있다.

남인도 사람들

'안녕하세요'는 '나마스카라(칸나다어)', '나마사카람(말라얄람어, 텔루구어)' 또는 '바나캄(타밀어)'이라고 하며, 전통적인 '나마스테' 손짓이나 악수 또는 손을 잠시 가슴에 얹는 행동이 동반된다.

무슬림

'앗살람 알라이쿰(당신에게 평화가 있기를)'

대답: '알라이쿰 살람(당신에게도 평화를)'

【 존경의 표시 】

존경의 표시는 중요하다. 여성들은 종교적인 장소에 들어가거나 누군가의 집에서 기도가 진행될 때는 머리를 가려야 한다. 연장자와 직접적으로 눈을 마주치지 않는 것도 연장자에게 마땅한 존경을 표하는 방법이다. 신발은 불경한 것이므로, 절대로 테이블이나 다른 가구 위에 올려놓아서는 안 된다. 집이나 성스러운 장소에 들어갈 때는 신발을 벗어야 한다. 양말을 신고 있다면, 신은 채로 있어도 되지만 규범은 맨발이다. 때때로 여성은 수치스러운 행동을 하는 남성을 위협하기 위해 신발이나 샤팔(샌들)을 이용한다.

유머

인도의 유머와 인도인이 무엇을 재미있다고 생각하는지 이해하려면 인도 영화를 보면 된다. 과장된 슬랩스틱 코미디부터 미묘하게 오가는 대사나 무심코 내뱉는 발언까지, 심지어 진지한 인도 영화들에도 웃음이 섞여 있다. 외국인들이 전형적으로 '인도식 유머'로 이해하는 것은 슬랩스틱과 패러디다. 다른 형태의 유머와 그 뉘앙스는 언어를 알고 문화를 배우지 않고서는 이해할 수 없기 때문이다.

인도 코미디에서는 신성하게 여겨지는 게 아무것도 없는 것처럼 보일 수 있다. 사회적 관계, 하위문화, 카스트와 계급, 사회적 병폐, 성직자, 신체적 특징 등 모든 것이 영화와 TV, 코미디 클럽의 코미디언들과 재미를 위해 모인 젊은이들에 의해 조롱받고 풍자되기 때문이다. 인도인 디아스포라가 전 세계적으로 증가함에 따라, 인도 코미디는 그들의 다문화적 현실과 내적 갈등을 표현하고 있다.

모든 유머가 문화를 초월해 통하는 것은 아니다. 오해를 받고 싶지 않다면 피해야 할 유머 형태가 있다. 비아냥은 분명 불쾌감을 자아낼 것이다. 자기비하적 유머는 당신 자신에 대한 사실적인 발언으로 받아들여져, 나중에 문제가 될 수 있다.

사람이나 문제를 얕보면서 긴장을 완화하려는 시도는 상대방을 무시하는 것으로 해석될 것이다. 많은 문화권에서 특정 하위문화에 관한 농담이 있다지만, 미국에서의 '금발' 농담에 해당하는 '사르다르(시크교도)'라는 인도 농담은 피하는 것이 좋다. 캐리커처는 영화에서나 친구 사이에서도 흔한 코미디 형식이지만, 인도인들은 부모님이나 상사 또는 사회적으로 자신보다 높다고 여겨지는 사람을 놀리거나 농담거리로 삼지 않는다.

미디어와 기술

인도의 소비자들과 기업들이 기술을 통해 상품과 교육, 비즈니스 그리고 참여 기회에 전 세계적으로 연결됨에 따라 대인관계와 비즈니스 관계를 비롯해 생활 방식과 문화도 급격하게 변화하고 있다. 인도는 세계 최대의 IT 아웃소싱 제공 국가이자 기술 관련 상품과 서비스가 가장 빠르게 성장하는 시장이라는 위치를 계속해서 유지하고 있다.

【 언론 】

모든 것이 기술 발전에 의해 장악된 것은 아니다. 서양에서는 인쇄 매체에서부터 TV와 인터넷으로 변화하고 있으나 여전히 인도인들 대부분은 신문으로 뉴스를 본다. 인도의 10만 5,450개의 신문은 4억 700만 명이라는 엄청난 독자를 보유하고 있다. 인도 언론은 독립적이며 민간 소유다. 편집자들과 TV 책임자들은 자체 검열을 행사해, 의도적으로 위기를 축소하고 분쟁으로 인한 부상자와 사망자 수를 적게 추산하면서 추가적인 폭력의 확대를 방지하려는 노력을 기울이는 것으로 보인다.

【전파】

인구의 50%가 TV를 소유하고 있다. 고도로 상호 연결되고 사회성이 높은 인도에서는 이웃들과 친척들이 종종 함께 특별 프로그램을 시청한다.

과거 인도 텔레비전은 인도 정부 소유의 TV 방송국인 두르다르샨이 독점했다. 두르다르샨은 인도인들의 예술과 시각 매체에 대한 문화적 사랑과 인도에서 교육받지 못한 사람들이 작은 화면에서 본 것을 현실로 인식하는 경향을 이용해 특정 정치적 견해를 홍보했다. 하지만 1990년 프라사르 바라티 법안은 TV와 라디오 방송을 모두 규제할 수 있는 독립적인 방송 공사 설립을 요구했다.

1년 후, 위성 TV가 인도 TV 시장에 갑자기 등장했다. 이제는 거의 900개의 TV 방송국이 인도 전역에 방송을 송출하고 있다. 스포츠, 연속극, 종교적 전설, 경연, 드라마, 코미디, 뉴스 프로그램을 주요 언어로 시청할 수 있다. 인도인들은 TV와 인터넷을 통해 전통적인 방식에 도전하는 새로운 생활 양식과 사고방식에 노출되고 있다.

【 인터넷 】

인도는 인터넷이 연결되어 있다. IT 기업, 컴퓨터 교육 센터 그리고 인터넷 카페 등 아웃소싱 회사들의 확산은 디지털 변화가 현재 진행 중임을 보여 준다.

인구의 66%가 인터넷에 접근할 수 없음에도 인도는 4억 5,000만 명의 사용자를 보유한 세계에서 두 번째로 인터넷 사용률이 높은 국가다. 주요 도시와 그 주변 지역에는 네트워크가 존재하지만, 연결 상태가 불안정하거나 속도가 상당히 느릴 수 있다. 정전이 드문 일이 아니므로, 휴대폰과 노트북용 배터리를 항상 충전해 두어야 한다.

노트북이나 휴대폰 또는 전자책 리더기를 휴대하는 경우, 인도의 230볼트, 50Hz 콘센트에 맞는 어댑터를 가져가는 것을 기억하자. USB 기반의 와이파이 기기는 인도 내 여러 통신사에서 저렴한 가격으로 이용 가능하다. 그러나 수리가 필요한 경우, 주요 도시 외 지역에서는 서비스 센터를 찾기 어려울 수 있다.

【전화】

인도는 휴대폰 판매 및 생산에서 중국에 이어 세계 2위이며, 스마트폰 사용자 수에서도 미국 다음으로 세계 2위를 차지하고 있다. 인도의 6억 5,000만 명의 휴대폰 사용자 중 3억 명이 스마트폰을 소유하고 있다. 영어 기반의 스마트폰은 대다수에게 언어 장벽이 될 수 있지만, 인도는 세계에서 가장 빠르게 성장하는 스마트폰 시장이다.

미국의 많은 무선 전화 서비스를 인도 전역에서 이용할 수 있으며 선불 전화와 SIM 카드도 쉽게 구할 수 있다.

【우편】

인도의 우체국은 세계 최대의 우편 시스템을 자랑한다. 15만 5,000개의 우체국 중 대부분이 도시 외곽에 위치하며, 농촌 지역에서 은행 역할도 한다. 지난 10년간 사업 감소로 인해 우체국 폐점 및 직원 수 감축이 이루어졌다.

속달 우편, 우편환, 공과금 납부, 전자 우편과 국제 송금(전자 결제 포함) 모두 우체국에서 처리할 수 있다.

결론

'인도'나 '인도인'에 대한 모든 설명은 이해를 돕기 위한 단순화 된 표현일 뿐, 완전한 묘사는 아니다. 이 점이 바로 인도를 방문하는 것의 아름다움이자 도전이다. 사실 일반적으로 '인도 문화'라고 규정할 수 있는 것은 거의 없다. 또한 영국 식민 지배 시기나 MTV의 영향 아래에서 얻어진 피상적인 요소들을 제외하고는, 우리의 '고향' 생활과 비교할 만한 것도 거의 없다.

인도는 정복자들을 정복하고, 예술가들에게는 영감을 주며, 현자들을 고무시키고, 발명을 촉진해 왔으며, 오늘날에는 우리 세계의 얼굴과 미래를 변화시키고 있다. 인도인들에게는 자신들의 영향력이 얼마나 큰지에 대한 우스갯소리가 하나 있다. 인류가 최초로 달에 착륙했을 때, 우주 비행사들이 "차이! 차이!"라는 소리를 듣고 나가 보니 인도인이 수레에서 차를 팔고 있더라는 것이다. 이는 인도의 현실을 잘 보여 주는 이야기다. 여전히 옛 방식 그대로 일하면서도, 역설적으로 다른 모든 사람보다 훨씬 앞서 나가고 있는 인도를 말이다.

인도인들은 대부분 가족을 돌보고 운명이 허락한다면 자녀들이 더 나은 미래를 준비하도록 준비시키는 것에 초점을 맞추면서, 여전히 이전 세대가 정해 놓은 패턴을 따른다. 운명론과 힌두교의 카르마(우리는 우리가 받아야 할 것을 받는다)와 마야(우리가 보는 것은 실제가 아니다) 개념은 융합되어 인도의 모든 문화에 영향을 미친다. 이는 인도인들에게 사회적 불평등과 개인적 고난을 감당하거나 변명하거나 혹은 없는 척하지 않고도 받아들이며 살아갈 수 있는 능력을 선사한다.

여전히 지배적인 카스트 제도는 삶을 어렵게 만들기도 하고, 예측할 수 있도록 만들기도 한다. 모든 사람은 자신의 위치를 알고 있으며, 한 사람의 선택은 공동체와 성별, 사회적 서열에 의해 결정된다. 그러나 불과 10년 전만 해도 상상할 수 없었던 방식으로, 이러한 장벽들은 무너지고 있다. 법, 경제 개혁, 세계화, 기술 발전, 미디어와 이미 인도의 오래된 기반을 흔들고 있는 문화적 변동으로 더 나은 교육과 미래로 가는 문이 서서히 열리고 있다.

인도의 강렬함과 다양성은 방문객들에게 충격과 경외심을 동시에 불러일으키며, 이러한 감정은 쉽게 가라앉지 않을 것이다. 인도는 배우려는 열린 마음을 갖고, 모호함에 대처할 수 있으며, 관대함과 우정을 재정의할 의지가 있는 사람들에게 가장 잘 이해될 수 있는 경험이다. 인도와 사랑에 빠지는 것은 매운 음식에 대한 취향을 갖게 되는 것과 매우 비슷하다. 처음 고추를 보고 어떻게 해야 할지 모르지만, 매력적인 향에 이끌려 맛보게 된다. 그리고 포기하지 않는다면, 어느 날 그 맛을 갈망하게 되는 자신을 발견하게 될 것이다.

인도의 시대는 죽지 않았으며,
마지막 창조적인 말을 끝낸 것도 아니다.
인도는 살아 있으며, 여전히
자신과 인류를 위해 해야 할 일이 남아 있다.

– 스리 오로빈도

참고문헌

Bhagat, Chetan. *What Young India Wants*. New Delhi: Rupa Publications India Pvt. Ltd, 2015.

———. *Two States: The Story of My Marriage*. Kolkata: Rupa Publications Pvt Ltd, 2009.

Boo, Katherine. *Behind the Beautiful Forevers*. London: Portobello Books Ltd, 2014.

Gandhi, Mohandas. *An Autobiography: My Experiments with Truth*. London: Penguin Classics, 2001.

Guha, Ramachandra. *India after Gandhi: The History of the World's Largest Democracy*. London/New York: Harper Perennial, 2008.

Kakar, Sudhir and Katharina. *The Indians, The Portrait of a People*. London: SAB, 2011.

Kalsi, Sewa Singh. *Sikhism*. London: Simple Guides, 2007.

Kamdar, Mira. *Planet India: How the Fastest-Growing Democracy is Transforming America and the World*. New York: Scribner, 2008.

Lewis, Richard D. *When Cultures Collide: Managing Successfully Across Cultures*. London: Nicholas Brealey Publishing, 1999.

O'Reilly, James P., and Larry Habegger (eds.). *India*. San Francisco, California: Travelers' Tales, 1995.

Radjou, Navi, and Jaideep Prabhu, Simone Ahuja. *Jugaad Innovation, Think Frugal, Be Flexible, Generate Breakthrough Growth*. San Francisco: Jossey-Bass, 2012.

Roy, Arundhati. *The God of Small Things*. London: Harper Perennial, 1997.

Sen, Amertya. *The Argumentative Indian: Writings on Indian History, Culture and Identity*. London: Picador, 2006.

Singh, Khushwant. *Train to Pakistan*. New Delhi: Penguin Books India, 1994.

Tagore, Rabindranath. *Gora*. Kolkata: Rupa Publications Pvt Ltd, 2002.

Abram, David, et al. *The Rough Guide to India*. London: Rough Guides, 2001.

지은이

베키 스티븐

미국에서 '공군 자녀'로 태어나 여러 주와 영국에서 성장했다. 인도 문화와 철학에 오랫동안 매료되었던 저자는 1988년 인도로 이주하여 바라나시에 있는 바라나스 힌두 대학교에서 힌디어를 공부했다. 그곳에서 남인도 출신의 남편을 만나, 5년 동안 바라나시에 거주했다.

캘리포니아 패서디나에 있는 풀러 신학 대학원에서 국제문화학 석사 학위를 취득했으며, 미국과 인도, 유라시아, 유럽, 그리고 아라비아반도 등지에서 국제문화 및 기타 교육 프로그램과 행사를 만들고 주도했다. 두바이에서 3년 동안 경영 컨설턴트이자 국제문화 트레이너로 근무한 후 남편, 아들과 함께 조지아주 애틀랜타로 이주하여 장기 해외 파견 미국인들을 교육하고 지도하는 일을 맡고 있다.

옮긴이

김보미

고려대학교 국어국문학과를 졸업했으며, 성균관대학교 번역테솔대학원을 졸업했다. 현재 번역 에이전시 엔터스코리아에서 전문 번역가로 활동하고 있다.

주요 역서로는 『걱정 다루기 연습』, 『대화의 기술』, 『모든 것이 되는 법』, 『보이지 않는 영향력』, 『뚝딱 접어요! 사파리 종이접기』, 『뚝딱 접어요! 동물농장 종이접기』, 『십 대의 손으로 정의로운 사회 만들기』, 『세계 동물 지도』, 『THE ART OF 주토피아: 디즈니 주토피아 아트북』 등이 있다.

세계 문화 여행 시리즈

**세계의 풍습과 문화가 궁금한
이들을 위한 필수 안내서**